매일 교사가
되는 중입니다

매일 교사가
되는 중입니다

임광찬 지음

창비교육

교사는
현재 진행형으로 산다

1984년 처음 교직을 시작할 때, 정년(당시 정년은 만 65세)을 계산해 보니 42년을 하겠다 싶었다. 문득 마라톤이 생각났다. 42.195킬로미터를 달려갈 길이 까마득해 보였다. 그렇다고 처음부터 속도를 조절하며 달릴 여유를 부릴 재간은 없었다. 초임이니까, 매일매일 100미터 선수인 양 달렸다.

어느덧 10킬로미터쯤 달리다 보니 같이 출발한 선수들의 선두그룹에서 달리고 있다는 의식이 들기 시작했다. 하지만 20킬로미터쯤에서 위기가 왔다. 처음에 너무 앞으로만 내달린 탓에 그만 탈이 나고 만 것이다.

그러나 선두 그룹에서 떨어지고 싶지 않았다. 그런데 나만 그런 것은 아니었다. 모두 약속이나 한 듯이 함께 느려지기 시작했다. 처지는 선수가 있으면 무언중에 속도를 조절해 주는 것 같은 느낌이 들었다. 나 혼자 속도를 더 내려 해도 왠지 보조를 맞춰야 할 것 같았다. 더 잘하려 기를 쓰기보다는 이 상황을 즐기고 싶다는 느낌이 들기 시작했다. '완주할 수 있겠구나.'라는 생각이 들었으니, 다행이라고나 할까.

이제는 마라톤 거리가 3킬로미터 단축되었다(정년이 만 62세로 낮아졌기 때문). 그 탓에 어느덧 골인 지점이 있는 운동장 안으로 들어온 느낌이다. 1년에 1,000미터씩 달려온 셈이고, 하루에 고작 2.74미터쯤 전진한 셈이다. 그 3미터도 되지 않는 짧은 거리가 매일 모이고 모여 마지막 지점에 이르는 것이니 거북이걸음으로 왔구나 싶다. 만약 그 많고 많은 세월 동안 어느 하루 3미터를 달리지 않았다면 완주는 불가능할 것이니, 무엇이든 간에 거르지 않고 꾸준히 해 온다는 것이 얼마나 귀한 것인지 새삼 깨닫고 있다.

우리는 매일매일 새로운 그 무엇이 되어 살기보다, '삼시 세끼' 먹는 평범한 일상을 거듭하며 살고 있다. 그럼에도 학교 안에서 쓰임이 다르고, 학생들로부터 부름이 다른 것은 수업이라는 '밥상'을 날마다 다르게 차려야 하기 때문이리라. 한 끼 식사를 위해 날마다 시장을 보는 것은 쉬운 일이 아니다. 그렇다고 텃밭을 가꾸어 원자재를 생산하는 수준의 학습 자료를 갖추기는 더욱 어렵다. 하지만 학기가 시작하는 3월, 9월을 위해 겨울 방학, 여름 방학을 치열하게 보내는 방법을 아는 교사라면 충분히 밥상을 차려 낼 힘을 갖추게 된다.

교사는 바로 지금, 현재형으로 말해야 하고 현재형으로 살아야 한다. 유효 기간이 끝난 제품은 버려야 하듯, 시대의 큰 흐름을 읽지 못하는 교육도 버려야 한다. 새내기 교사라면 언제라도 불편할 수 있는 용기가 필요하고, 경력이 쌓인 교사라면 고인 물에서 머물기보다 그곳에서 떨쳐 일어나 벗어나는 것이 필요하다.

　『매일 교사가 되는 중입니다』는 교사는 가르치는 사람이 아니라 배우는 사람이라는 생각을 간직하자는 마음에서 쓴 책이다. 교사는 처음 시작할 때부터 마무리할 때까지 늘 지금, 여기서, 현재 진행형으로 살아야 한다. 그래서 제 멋을 부릴 줄 아는 교사, 자신의 맛을 낼 줄 아는 교사가 되기를 바란다. 교육의 시작이 학생들에 대한 사랑에서 비롯되었다면, 그 끝은 내가 만든, 나만의 것으로 닿아야 하는 것이 아닐까?

　끝으로 지금껏 나를 키워 준 어머니와 가족들, 그리고 뜨락에서 나와 같이 배운 학생들에게 고맙다는 인사를 올린다.

차
례

1부

참된 교육에
대해
고민합니다

교육은 '씨앗'에서 돋은 싹이 한 해 한 해 탈 없이 커 가도록 지원하는 일이다. 씨앗을 심기 전에는 어떤 토양에 심을 것인지, 규모는 어느 정도로 할 것인지 등을 결정해야 한다. 씨앗을 심고 나서는 밑거름과 웃거름이 부족하거나 넘치지 않는지, 적당한 양의 물을 주고 있는지, 추위와 더위를 막을 방책은 있는지 살펴야 한다. 씨앗을 심고 나서 그 결실을 위해 이렇게 세심하게 신경을 쓰듯 교육도 세심하게 신경 써야 한다.

'결과'가 교육에서 차지하는 양은 '1/100'쯤 될까? 씨앗의 비중이 10%라면 나머지 89%가 과정에 자리한다. 그래서 교육하는 동안에는 함부로 결과를 들춰내서도, 단정해서도 안 된다. 일 년의 결과물로 결론을 이야기하거나, 학교급이 달라지는 때를 가지고 그 학생의 삶 전반을 평가해서는 안 된다.

문제는 입시이다. 학교 교육의 모든 논의는 소위 '기-승-전-입시'이다. 교육에서 대학 입시는 '뫼비우스의 띠'처럼 끝없이 반복될 뿐이다. 교육은 국가적 거시적 담론이지만 입시라는 관문에 놓이면 합격이라는 문을 향해 '어쩔 수 없는 짓'도 마다하지 않는다.

교사는 교육자이다. 교육은 수업이라는 공식성을 띤 활동을 통해 이루어진다. 하지만 교육될 가능성이 예전과는 비교가 되지 않을 정도로 떨어지고 있다. 교사의 역량이 달려서가 아니다. 오늘날 많은 이들은 수업의 주체가 학생이 되어야 한다고 한다. 교사가 리더가 되어 학생들을 이끌기보다는 '조력자'의 위치에 서기를 바라고 있다. 알고 있는 것을 가르치기보다 학생 개개인이 알아 가는 과정에 자그마한 힘만 보태라 한다. 학생들이 의존적이었던 태도에서 벗어나 자기 주도적인 자세로 살아가게 말이다.

화분을 키우는 교사,
화단을 가꾸는 교사

봄이 되어 '화분' 하나 장만했으면 하는 생각이 들 즈음이면 '화단'에서 이름 모를 새싹이 하나둘 얼굴을 내민다. 가장 먼저 고개를 내미는 것은 당연 '잡초'이다. 재배하는 채소류나 꽃들에 비해 생명력이 월등하여 가장 먼저 흙을 헤집고 나와 자신의 영역을 넓힌다. 그때까지 집안 뒤꼍에 자리한 화분은 아직 잠에서 깨지 않는다.

화분이 화단 가꾸기에 비해 좋은 점은 두 가지이다. 하나는 이동할 수 있다는 점이고 다른 하나는 잡초 걱정이 없다는 것이다. 그 밖에는 화분이 화단에 비교할 바가 못 된다. 화분의 꽃이 '나홀로 아름다움'이라면 화단의 꽃은 '상생의 아름다움'이다.

화단에 씨를 뿌리거나 모종을 옮겨 심는 일은 어렵지 않다. 계절은 봄이니 자연과 벗 삼는 재미도 있을뿐더러, 차지하는 면적도 적고 일이 자잘하여 힘겹지도 않다. 웬만한 사람이면 누구나 할만하다. 문제는 관리이다.

화단을 관리하기 위해서는 잡초를 제거하는 일에 더하여 양분도 보충해 주어야 하고 일기 변화에 따라 병충해도 막아 주어야 한다. 모종을 심어 둔 한 달 동안은 탈 없이 자라던 것들이 비가 오고 바람이 불고 더위를 만나면 틀어지고 넘어지고 부러지기 시작한다. 가만히 있지 않는다. 솟구친 놈, 옆으로 퍼진 놈, 갈라진 놈 등 각양각색의 손길을 요구한다. 하나를 심으면 하나의 일이어야 하고 열을 심으면 열 정도의 수고로움만 지니면 될 것인데 그것이 아니다. 하나가 둘이 되고 둘이 넷이 되고 열이면 거의 백에 가까운 수고가 뒤따른다. 지쳐 떨어지는 이유가 바로 여기에 있다. 산술급수가 아니라 기하급수적으로 일거리가 늘어나기 때문이다.

이처럼 큰다는 것, 성장한다는 것은 여간 신경 쓰이는 일이 아니다. 하지만 살펴야 할 것이 화분이라면 달라진다. 화분은 '옮김'으로 상당 부분 일이 해결된다. 방향을 살짝 틀어 주는 것으로 일이 끝나기도 할 것이다. 주인 곁에 가까이 두거나 아예 멀찌감치 떼어 내 신경 쓰이지 않게 할 수도 있다. 주인의 의지에 따라 생명까지 좌지우지할 수 있다. 철저하게 주인이 '갑'인 셈이다. 그래서 아이들을 화분에 심어 놓은 것처럼 관리하는 교육은 결코 참된 성장을 가져올 수 없다. 이는 교사 편의의 사고이다. 자생력을 길러 주지 못하는 교육은 죽은 것이나 마찬가지 아니겠는가.

하지만 "많이 컸네요."라고 말하는 화단의 꽃과 텃밭의 식물은 정반대이다. 길러지는 것들은 천방지축 자유를 말하는데 기르는 사람은 그야말로 전쟁하는 꼴이다. 성장을 이끈다는 것은 그만큼 어려운 일이다. '살핌'이 없이는 성장을 기대할 수 없다. 화단이든 화분이든 성장하는 것은 당연히 식물이다. 주인이 할 일은 그 성장을 돕는 일이니 언뜻 보면 객인 셈이다. 한동안 도움을 받지 않고도 성장할 수도 있다. 그러나 어느 순간 더 이상 성장하지 않는 시기가 온다. 마치 길을 잃고 헤매는 아이처럼 방황하기 시작한다. 그래서 '살핌'이 필요하다. '살핌'은 가르침이고 배움이다. 부족한 부분은 알아 채워 주고, 넘치는 것은 조절해 주는 것이다.

교육은 변화, 그것도 바람직한 방향으로의 변화를 꾀하는 일련의 활동들이다. 그 변화는 물리적인 측면보다 정신적 측면이 더 중요하다. 화단에서 자라는 식물처럼 자기 주도적으로 시련을 극복하고 성장하는 아이들은 정신적으로도 강해진다. 결실로 나아가는 시간이 긴 만큼 아름다운 꽃봉오리 역시 오래간다. 끝내는 씨를 낳는다. 배움의 끝이 새로운 탄생으로 이어지는 모습이다.

꽃다발을 보면 너무 예쁘다. 모든 힘겨운 과정을 생략하고 오로지 아름다운 결실인 꽃만을 모았으니 군더더기 없는 아름다움 그 자체일 것이다. 또한 아름다운 화분을 구입하여 창가에 두면 역시 예쁘다. 주변과 어울리는 위치에 놓으면 그 아름다움은 배가된다. 하지만 그 둘 모두 키움이 없다는 측면에서 보면 인공적인 꽃인 '조화(造花)'와 같다. 자신의 손에 놓이기 전까지 어디에서 누가 어떻게 키웠는지 전혀 알 수 없다. 아름다움을 구입하여 자신의 것으로 만드는 것과 아름다움을 만들어 가는 과정을 통해서 아름다움을 아는 것은 차원이 다르다. 결국 아름다움을 결과로 볼 것이냐 아니면 과정으로 볼 것이냐 하는 문제이다.

아이들이 아름다운 모습으로 성장하는 것을 보는 것은 여간 행복한 일이 아니다. 작고 연약한 모종이 계절을 뛰어넘어 결실을 맺는 것 같이 아이들이 성장한 것을 볼 때, 교사로서 보람이 매우 크다. 매 과정에서 '신경 쓰임'은 사명감으로 받아들이면 될 일이다. 때로는 평가라는 채찍을 사용하기도 할 것이다. 하지만 반드시 기억해야 할 것은 교사 앞에 자리하는 아이들은 화분에 담긴 꽃이 아니라 화단에 뿌려진 씨앗이거나 모종이라는 점이다. 잡초와 싸우도록 지켜보지는 말자. 웃거름을 주고 약을 치는 것보다 우선 할 일은 잡초를 뽑는 일이다. 그것만으로도 얼마든지 훌륭한 교사가 될 수 있을 것이다.

아는 것과
할 수 있는 것

미안할 노릇이지만, 배움은 아는 것(안다고 착각하는 것)일 뿐 그 배움이 실천에 이르려면 꽤 많은 내공이 쌓여야 한다. 내공은 배움으로 채워지는 것이 아니라 부단한 도전의 결과이다. 펼쳐 놓은 백지에 머리로 배운 것을 '내 글과 내 말'로 풀어내야 한다. 바둑 세계의 명언 중에 "정석은 배우고 잊어버려라."라는 말이 있다. 제대로 아는 것은 배운 것을 버리고 그 자리에 내 것이 놓일 때 완성된다. '내 생각, 내 마음, 내 몸이 곧 움직이는 교과서'가 되도록 단련해야 한다. 수업은 하나부터 열까지 그 책임이 고스란히 교사에게 있다. 그래서 학교 탓, 학생 탓을 하기보다 모든 것을 내 탓으로 여기려는 마음을 먹어야 한다. 우리 아이들에게, "배웠잖아, 그런데 모르겠어?"라고 하지는 않는가. 교사 스스로 '배웠다고 그대로 잘하는가?' 하고 되물어 보자.

간혹 듣는 말이지만, "그렇게 안 배웠는데요.", "배운 것과 다른데요." 하는 반응을 접할 때가 있다. 화제를 돌려 생각해 보자. 소위 '맛집'으로 소문난 집의 레시피가 어디 한결같던가. 한결같다면 더 이상 방송할 필요가 없지 않겠는가. 만일 방송을 보고서 그대로 따라 해 그 맛을 낼 수 있다면 어떤 맛집이 레시피를 공개하겠는가. 자세히 들여다보면 음식보다 주인의 마인드가 승부를 좌우하는 듯하다. 그래서 '공개'는 그야말로 자신감의 표현이다. 확신의 또 다른 이름이다. 교사는 인터넷을 통해 교사의 일상 수업 내용이나 학생의 수행 과제물, 교사의 직무 일지 등을 공유함으로써 자신의 교육을 확신하며 동료와 함께 성장하는 계기로 삼아야 한다. 하지만 배운 것을 나누기는 다들 어려워한다. 그럴수록 공개할 수 있는 장을 마련하여 혹 나태해지기 쉬운 자신을 채찍질하는 도구로 삼아 보는 것도 필요하다. 수업에 관한 시공간적 제약에서 벗어날 수 있어 학습 활동 내용이나 학습 방법뿐만 아니라 배움의 영역도 풍부해진다. 두고두고 재활용할 수도 있다.

다시 말하지만 '배운 것'과 '할 수 있는 것'은 완전 별개이다. 그럼에도 다들 배운 바대로만 실천하려고 한다. 방송에 출연한 다이어트에 성공한 사람들의 행동을 그대로 따라 한다는 것이 과연 쉬운 일이던가? 방송에 출연한 사람과 자신은 그 조건이 다름에도(사실 그 조건에 의해 결정되는 경우가 허다한데) 그것을 소홀히 하고 겉으로 드러나는 방식과 환경만을 일치시킨다고 하여 다이어트에 성공할 리 만무하지 않은가?

'배운 것'과 '할 수 있는 것' 사이에서 가장 바람직한 답은, "배웠지만, 제 방식대로 해요."이다. 비로소 진짜 공부가 시작되는 셈이다. 몰라서 배우는 것이 아니라 알아야 할 것이 보이기 때문에 찾아서 배우게 된다. 학생들의 공부가 '체험, 토론, 탐구, 모둠활동'을 중시하는 방향으로 옮아가듯, 교사도 마찬가지여야 한다. 맞춤형 집합 연수장으로 직접 발품을 팔아야 한다. 더 좋은 방법으로는 주변에서 '나의 스승'을 한 분 모시는 일이다. 교사는 교실에서는 선생이지만 교무실에서는 학생으로 변신할 필요도 있다. 학교라는 공간을 뛰어넘어 전국 어디든 스승을 두어 도제식 수업을 받아 볼 필요도 있다. 공부는 하면 할수록 자신이 모르는 것이 무엇인지 알게 되는 것 같다. 자신의 몸에 맞는 옷을 입어야 하듯 자신만이 갖고 있는 성격이나 자질, 조건에 맞게 수제품을 만들어야 한다. 기성품으로는 평생을 같이할 수 없기 때문이다. 처음에는 수제품을 만드는 것이 기성품에 비해 시간이 오래 걸리고 비용이 많이 들지만 긴 여정을 달려야 하는 교사라는 직업의 특성을 감안한다면 끝내는 그 어떤 것과 비할 바 없는 '자존감'을 갖게 될 것이다.

게으른 눈,
부지런한 손발

봄에 씨를 뿌리고 계절을 지나 수확을 앞둔 어느 농촌에 잠시 머물면서 멋스러운 생각을 하는 것은, 눈앞의 '프레임'에 갇혀 힘겨운 '과정'을 읽어 낼 수 없는 관객의 입장에서 '눈요기'한 결과이기에 가능하다. 손에도 마디가 있고 오늘과 내일 사이에 어둠이 있듯이, 씨를 뿌리고 그것이 열매를 보여 주는 그 안에 얼마나 많은 마디가 자리하는지는 손수 도맡아 책임을 지지 않고서는 도저히 알 수 없는 노릇이다. 냄새 지독한 거름을 단속하는 광경을 경험하지 못하고, 잡초 무성한 고랑에 쭈그리고 앉아 호미질하는 모습을 놓치고서 논할 성질이 아니다.

관객의 입장에서 봤을 때 아름다운 것이 농사꾼의 입장에서 결코 환한 미소를 짓지 못하는 것은 '책임' 때문이다. 결실 뒤에 따르는 뒤처리가 염려되기 때문이고, 연이은 일감이 보이기 때문이다. 모두 노심초사하는 마음이다. 시작이 있으면 끝이 있는 법인 줄 모르는 바 아니니 참고 견디면 될 것이나 끝은 곧 시작인 것이 불 보듯 뻔하니, 어찌 '빌어먹을 농사'라 하지 않겠는가.

농사짓는 것을 예로부터 '빌어먹을 일'이라 했다. 그만큼 고단하다는 방증이고 자신의 의지대로 되는 것이 아니기 때문이다. 그래서 그런지 일이 뜻대로 되지 아니하여 속이 상하거나 분개할 때 욕으로 하는 말 역시 '빌어먹을' 아닌가. 잘 하려고 발버둥을 쳐도 '하늘'이 도와주지 않으면 불가능하다는 뜻이다. 자연의 위대한 힘을 거스를 수 없다는 경험의 소산이다.

이러한 현실 인식 아래에서도 '나만의 것'을 가진다는 것은 '타인의 의지'가 아닌, 교육을 위한 교사의 행동이나 인식이 중요하다는 점을 의미한다. 이러한 점을 고려하여 교사에게 필요한 몇 가지를 짚어 보면 대충 이러하다.

절대로, 어느 한순간에 집착하여 잘잘못을 운운하지 않아야 하고, 자신의 의지로 상대를 평가해서도 안 되며, 현실에 안주하는 태도를 지녀서도 안 된다. 대신 주변 상황을 감안하여 효율성이 높은 방안을 추구하고, 지속 가능 여부를 따져야 한다. 진정성을 발휘하여 궁극적으로는 교사로서의 자존감을 느낄 수 있어야 한다. 한마디로 누이 좋고 매부 좋은 일이어야 한다는 말이다.

학생이 좋아하니 교사 역시 즐겁고, 더불어 학교 가는 것이 행복하다면 그 결과는 불문가지(不問可知)다. 교사는 학생들이 좋다는 것을 오래 유지할 수 있게 하는 역할을 충실히 하면 된다. 전체 과정 속에서 학생들의 변화가 엿보인 지점을 찾아, 학생들로

하여금 다양한 경험을 하도록 안내하고 이끌어 주는 노력만 게을리하지 않으면 되는 것 아닌가.

교사는 움직이는
교육 환경이다

한 시간의 수업은 교육 서비스가 제공되는 가장 최일선의 영역이다. 수업 영역은 교사가 직접 교실 현장에서 효과적인 수업을 진행해 나가는 과정으로, 수업의 도입, 전개, 마무리의 단계를 말한다. 수업 영역은 교사의 격을 결정하는 핵심이 되는 영역으로, 수업에서는 학급 분위기, 교사의 수업 행동, 내용 조직, 학습 활동, 학습 과제, 학습 활동의 상호 작용, 평가 등이 모두 포함된다고 할 수 있다.

수업 영역과 관련된 논의들은 여러 가지가 있다.

첫째, '서비스로서의 동기 유발'의 문제다. 우리 교육 현실은 대부분 학생들이 일정한 공간에서 교사를 기다리고 맞이한다. 그러기 때문에 교사가 사전에 의도된 상황을 연출하여 학생들에게 보여 줄 수 있는 기회가 드물다. 또한 일단 수업이라는 상황에 들어가기까지 학생은 얌전함과 조용한 분위기를 강요당한다. 이것은 학생이 할 수 있는 가장 모범적인 서비스일 것이다. 반대로 만약 학생이 이동하여 일정한 장소에 모인다면 교사는 어떤 상황을 연출할 것인가 고민해 보아야 한다. 그러나 현실은 그렇지 않기 때문에 서비스의 첫 단추는 결국 학생의 몫이라고 생각할 수 있다.

'동기 유발은 잘되었는가' 하는 문제는 다분히 수업 내용의 상징적 의미이며, 수업 기술을 압축해서 보여 주는 전략적인 의미이다. '무엇으로 동기 유발을 하느냐' 하는 것은 교사의 경험의 축적일 수 있다. 전시 학습을 정리하는 경우도 있겠고 가벼운 이야기를 하며 교사의 의도대로 분위기를 이끄는 방법이나 학습 목표를 강하게 인식시키기 위해 학습 도구를 활용하는 등의 방법도 있다. 이 첫 단추는 교사가 해당 단원에 맞게 그때그때 구안하는 경우도 있으나 좀 더 적극적인 교사라면 1년 단위로 다양한 동기 유발 거리를 준비하는 자세가 필요하겠다.

서비스는 지속성이 유지될 때에 진정한 가치가 발휘되기 때문에 교사는 수업의 출발점에 애정을 가져야 한다. 학생들의 수업 전후의 시간, 전시 수업과의 연관 관계 등을 숙지하는 것은 당연한 서비스이다.

둘째, '교사의 설명, 지식 전달, 수업 활동'의 문제다. 지금까지 논의한 것들이 어쩌면 이 부분을 위해 달려온 것은 아닌가 할 정도로 가장 가시적으로 드러나는 부분이다. 결국 수업은 교과 내용과 만나면서 교사가 의도한 것들이 실현되는 영역이기 때문이다.

잘 가르치는 교사와 그렇지 못하는 교사를 평가하기란 여간 어려운 일이 아니다. 어떠한 태도를 지닌 학생이 교사를 평가하느냐에 따라서 달라질 성질의 것이지만 어떠한 경우라도 이 평가의 중요성은 반론의 여지가 없다. 문제는 교사의 수업은 정성이라는 양념이 다른 것들에 비해 좀 더 많이 들어가야 한다는 것, 언제나 생방송이라는 상황만이 존재하기 때문에 한번 잘못을 한 경우에는 좀처럼 되돌리기 어려운 지경에 이르게 되는 경우도 있다는 점에 유의를 해야 한다. 학생이 없을 때, 아무리 열심히 연습을 했을지라도 실전에서 소용이 없다면 무용지물이기 때문이다.

셋째, '교사의 의도된 질문'의 문제다. 이는 학생들에게 수업에 관심을 가져 보자는 권유이며, 수업을 함께하자는 의미이다. 교사가 수업을 주도하는 것이 아니라 학생이 수업의 전면에 나서도록 놀이 마당을 제공하자는 것이다. 이에 학생이 할 수 있는 서비스는 답변을 하는 것이다. 모르면 모른다고, 알면 아는 범주 내에서 반응을 하는 것이다.

씨를 뿌린 자만이 결실을 걷을 수 있음과 같이 질문이라는 씨를 뿌리는 것은 그로 인해 수확이라는 답변을 얻기 위한 의도된 흐름이다. 아울러 학생이 질문을 던지는 것은 수업에 대한 관심의 표명이고, 교사와 관계를 맺겠다고 하는 관심의 표현이기도 하다. 이렇게 본다면 질문은 바로 서비스의 상호 작용이 아닐까 싶다.

넷째, '시범'을 보이는 문제다. 교사가 알고 있는 지식을 학생이 손쉽게 접할 수 있도록 적극적으로 행동하는 일련의 과정을 말하는 것이다. 이때 학생의 서비스는 열심히 듣는 것이다. 고개를 끄덕이면서, 혹은 고개를 갸웃거리면서 교사의 설명을 들으면 교사는 그 반응들을 살피면서 자신의 시범이 유효하게 쓰이고 있는지 파악하게 될 것이다.

최선의 시범은 철저한 학습 목표의 분석과 교사의 의욕으로 포장되고 전달되기 마련이다. 이때 '모든 것을 다 가르쳐 주겠다는 과분한 친절 때문에 때로는 학생들이 부담스러워한다고 느낀 적은 없는가?' 하는 질문을 스스로 해 보아야 한다. 그리고 그 답도 생각해 보아야 한다. 욕심을 버리는 것이 때로는 필요하다. 작은 것을 깊게 가르치는 것이 필요할 때도 있지만 하나를 가르치더라도 충분하게 가르치면 될 것이다.

또한 시범을 보이는 문제에서 '교사는 제3의 학생'이라는 발상을 갖는 것도 생각해 볼 필요가 있다. 학생이 학생을 가르치고 대화를 한다고 여긴다면 수업 그 자체가 얼마나 화기애애하고 재미가 있을까.

다섯째, '시간의 안배' 문제다. 주어진 수업 시간을 임의로 줄이고 늘릴 수는 없다. 주어진 약속 시간을 잘 지키는 것 또한 서비스의 항목에 들어갈 것이기 때문이다. 단지 그 시간이라는 것이 출발점과 도착점(시작종과 끝 종)을 의미하는 것만은 아니고, 1시간이라는 흐름 속에서 속도를 조정한다는 의미도 포함되어 있다고 볼 수 있다. 자신의 역량에 맞게 시간을 조절하면서, 때로는 여유 있게, 때로는 집중에 집중을 거듭하는 시간을 보내면서 자신의 몫을 달성해 가기 때문이다. 집중해야 할 시간, 이완해야 할 시간, 교사 활동의 시간, 학생 활동의 시간들이 서로 적절하게 조화를 이루어야 한다. 10분 정도로 설명해야 할 것이 있는가 하면, 20분 이상을 소비해야 할 것도 있다. 적절한 여담 시간, 정도에 맞는 꾸지람, 과제를 할 수 있는 적절한 기간을 고려해야 한다. 아무리 좋은 것이라고 할지라도 시간이 너무나 많이 소비된다거나 지루할 정도로 끈질기게 달려드는 것은 오히려 손해라는 것을 우리는 잊지 않아야 한다.

여섯째, '마무리'의 문제다. 교사의 입장에서든 학생의 입장에서든 마무리는 1시간 속에서 가장 기분이 좋은 시간대이지만 교사와 학생의 입장은 약간 다르다. 교사로서는 그 다음 학습 내용에 대한 준비 단계임과 동시에 본 수업에 대한 정리 단계이지만 학생은 그 다음 시간에 다른 교과목이 이어진다는 사실 때문에 무언가를 준비하지 않으면 안 되는 시간이다. 교사보다 학생이 언제나 여유가 없을 수밖에 없다.

'모든 것에 끝이 좋아야 한다.'고 하는 것은 수업에서도 유효한 이치이다. 이미 전달한 지식이든지 아니면 어떤 가치이든지 간에 오랫동안 지속될 수 있도록 마무리를 잘 여며야 한다. 흘리거나 풀리지 않도록 해야 하고 함부로 다루더라도 혼란스럽지 않게 해 주어야 한다. 이것이 마무리를 하는 시간에 유념해야 할 것들이다. 그리고 다음 시간에도 학생들이 궁금증을 가지고 수업에 임하도록 주지시키는 것도 기억해야 한다.

그리고 간과해서는 안 되는 것이 있다. 교사는 다음 시간에 강의가 없어 쉬는 경우가 있을 수 있지만 대부분의 학생들은 다음 시간에 수업이 바로 이어진다는 점이다. 그래서 그에 따른 학생의 감정을 헤아리는 것도 배려해야 할 것에 해당한다.

교육 활동의
삼박자

　과거 '교과서'를 사이에 두고 '교사'와 '학생'이 교육 활동의 삼박자라 했던 시절도 있었다. 하지만 교육 활동의 시공간적 확장과 더불어 점점 역량 중심의 활동을 강조한 덕에 그 의미가 달라졌다. '혼자서는 안 된다.'는 것과 '희생 역시 지속 가능하지 않다.'는 것이다. 이런 맥락에서 유의미한 교육 활동을 가능하게 하는 요인은 크게 셋으로 볼 수 있다.

　첫 번째로 학교이다. 학교의 교육력은 '기획력'이라 해도 과언이 아니다. 그 기획의 출발은 급변하는 교육 패러다임에 대한 공격적 이해를 바탕으로 묵은 것을 버리고 새로운 것을 발굴하여 현실에 맞게 적용하는 것에서 시작한다. 학교 조직에서 '연구부'에 해당하는 인력은 교육이 나아가야 할 방향을 끊임없이 제시하여 동료성을 발휘할 동력을 제공해야 한다. 힘겨운 수업, 과중한 업무에 시달리다 보면 지지보다는 무관심, 공격보다는 수비에 치중하기 쉬운 것이 우리네 현실 아닌가.

어느 한 교사의 '티' 나는 활동은 본의 아니게 동료를 불편하게 한다. '티' 나는 활동이 수업 속에서만 이루어진다고 하여도 주변에 영향을 미쳐 동료 교사와 직간접으로 비교된다거나 교사의 수업권이 침해당하는 결과까지 이르기 때문이다. 그러므로 학교 단위의 사업은 모든 교사가 성공의 맛을 느낄 수 있게 시작 단계에서, '나도', '나부터'라는 인식을 심어 주는 것이 필요하다.

두 번째로 교사이다. 교사는 개인 사업자라 해도 과언이 아니다. 성과를 내는 데 필요한 시종(始終)을 혼자서 책임져야 하는 경우가 다반사이다. 수업이 중심이기 때문이다. 그 수업을 살리기 위해서는 '혼자 도맡을 부분, 학년에 파급되는 부분, 학교 밖까지 연결되는 부분' 등 범위와 수준, 그리고 시기 등을 고려하여 학기 초에 철저하게 계획을 세우고, 그 계획에 진정성을 가지고 접근하겠다는 의지가 있어야 한다.

유의미한 교육 활동의 성공을 보장하는 가장 확실한 방법은 교과 수업 속의 활동을 학교 시스템에 넣어 공적 구조로 엮은 다음, 평가와 연결 짓는 것이다. 이것이 곧, '교육과정 재구성-수업-평가'이고 그 결과를 기록으로 남기는 것으로 완결된다. 교사 개개인이 혼자 완결성을 지니는 것이라면 재구성은 큰 문제가 되지 않는다. 자신의 능력 안에서 이루어지기 때문이다. 하지만 학교 차원의 사업으로 추진할 때에는 교사 간 이해의 수준, 나이나 책무성, 그리고 진정성을 고려해야 하는데, 이것은 여간 어려운 것이 아니다. 결국은 기획자의 몫으로 굳어지기 일쑤이다. 그렇기 때문에 수업과 연관되지 않는 별도의 물리적, 정신적 투자를 요구하는 사업은 지양하는 것이 좋다. 교육 활동의 기획 단계에서는 모두가 참여할 수 있는 구조를 만들어야 한다. 누군가가 발제를 통해 재구성의 단초를 제공했다면 거기에 다른 교사가 어느 한 부분 끼어들 수 있는 공간을 할애해 두어, 서로 협력이 가능하게 해야 한다. 백지 상태에서 열린 토의를 통해 어떤 기획안을 마련하기는 어렵다. 한 사람의 희생과 열정이 마중물되어야 하는 것은 어느 시대를 막론하고 있어 왔다. 다만 이렇게 시스템으로 접근해서 공적 구조로의 논의를 거친다면 개인의 힘겨움 너머에 반드시 보람이 있을 것이란 점이다. '누구를 위하여' 사는 교사가 아닌, 교사로서의 삶에 보람이 있다고 느낄, 하나의 'Made by me'를 갖자는 것이다. 그것이 어느 학교로 가든, 어느 학년으로 가든 상관하지 않게 말이다. 현 교육과정이 지향하는 삶은 교사든 학생이든 '주인 의식'을 갖고 살자는 것이다. 무언가에 끌려가는 삶이 아니라 삶을 그리는 것이 훨씬 행복하기 때문이다.

마지막으로는 사업이 작동되는 데 필요한 인적·물적 체계이다. 각각의 것이 일정한 원리에 따라 계통적으로 잘 결합되었을 때 효율성은 극대화되기 마련이다. 사업이 전개되는 문서로서의 계획(공유), 사업이 발현되는 물리적 실체(관심), 실체를 공적 논의 속에 담을 수 있는 공간의 확보(확산) 등이 순탄하게 전개되어야

만 교육 공동체의 관심을 유도할 수 있다. 이러한 시스템에서 고려해야 할 것이 있다.

그 첫 번째는 당연 모든 교원의 관심이다. 하지만 여기서는 공유, 관심, 확산의 키워드로 인터넷 공간을 적극 활용할 것을 제안하고 싶다. 교사의, 교사에 의한 가르침은 매우 폐쇄적일 수밖에 없다. 교사의 체계적인 안내만으로도 사업이 수월하게 진행될 수 있게 하기 위해서는 사이버 공간에서 모든 과정이 공개적으로 이루어지게 해야 한다. 사이버 공간의 특성상 관심을 뛰어넘어 수정이나 보완할 수 있을 뿐만 아니라 심화할 수도 있기 때문이다. 또한 '답글'이나 '댓글'을 통해 손쉽게 그 다음 단계에 참여할 수 있게 한다면 토의·토론으로까지 자리할 수도 있다. 이것이 일정한 양식으로 자리를 잡게 되면 교사의 수고는 덜어질 것이고 학생들은 지속적으로 참여하게 될 것이다. 한마디로 자기 주도적 학습이며, 학생 중심 활동의 본이기도 할 것이다.

두 번째는 과정을 매우 세세하게 쪼개어 경험하게 하는 것이다. 이를 과정 중심 활동이라 할 수 있다. 그런 만큼 교사는 지속 가능 발전 교육으로서의 교사상이 정립되어야 한다. 학생들이 일회적인 행사, 결과 중심의 평가, 대회 형식의 경쟁 구조에서 벗어나 어떤 과정을 끝까지 따라가면서 자기 스스로 성장·발전하고 있음을 발견하고자 하게 하는 실천 의지를 가지게 해야 한다. 급하게 잘잘못을 따지기보다 기다리는 지혜, 혼자만 앞서가기보다 함께 집단 지성을 발휘할 수 있는 모둠 학습이 권장되는 이유이기도 하다.

　세 번째는 결과물을 구현하는 방식이 단순 반복이어서는 안 된다는 점이다. 단순 반복이 아닌 점차 심화되는 활동으로 전개되어야 한다. 가령 실전에 들어가기 전에 필요한 연습 단계뿐만 아니라 마지막에 널리 알리는 단계까지 수행해야 한다. 국어과와 연관을 짓는다면, 읽는 단계, 쓰는 단계, 수용하는 말하기, 비판하는 말하기, 발표, 영상 제작 등 발전 모델을 지닌 시스템을 구축하여 학교를 졸업한 후에도 기억되는 활동으로 남을 수 있게 해야 한다.

공적 권력에서
배우라

   교육의 담론을 지배하는 사람들은 대개가 공교육 종사자들이다. 그런 연유인지는 몰라도 사교육의 문제를 지적하는 글은 쉽게 접할 수 있는데 사교육으로 인해 긍정적인 결과를 낳았다는 글은 많지 않다. 합법적 권력은 늘 '공적(公的)'이다. 사교육은 그 권력 앞에 정면으로 맞서 싸우기보다 약점을 파고들 뿐이다. 학생과 학부모는 공적 교육과정에 순응하면서도 한편으로 사적 영역에 양다리를 걸친다. 국회는 여당과 야당으로 나뉘어 정쟁을 벌이면서 서로 당당하게 싸우지만, 공교육과 사교육은 합리적 공간에서 논쟁을 하지는 않는다. 공격하는 곳은 늘 공교육이다. 사교육은 시종 수비만 한다. 그럼에도 우리 사회는 어느 한쪽의 손을 들어 주지 않는다. '사교육 같은 공교육이면 될까?' 아니면 '공교육 같은 사교육?'

   사교육의 폐해를 이야기하자는 것이 아니다. 그렇다고 공교육의 질적 향상을 논하자는 것도 아니다. 교사의 배움이 공교육에 의해 이루어지는지 아니면 사교육에 의존하는지 생각해 보자는 것이다. 교사는 공교육을 통해 전문가로서의 역량을 키우는지, 아니면 사교육을 통해 길러지는지 고민해 보자는 이야기이다. 또한 교사가 가진 경험의 재활용이 과연 시대의 흐름을 제대로 좇아가는지 짚어 보자는 것이다. 한마디로 답하자면 뫼비우스의 띠와 같은 이 문제를 푸는 길은 공적 기능을 회복하는 길뿐이다.

자격·직무 연수, 워크숍, 포럼, 연구회 등과 같은 배움이 자리하는 모임은 대체로 공적인 활동이다. 연수생 앞에 서 있는 강사는 자신의 경험을 재활용한다. 그래서 '이것이 중요하다.', '이것을 알아야 한다.', '이렇게 해야 한다.'고 말한다. 그러면 연수생은 대체로 수긍을 한다. 새롭게 습득한 것이라면 현장에 가서 적용해 볼 마음을 먹을 것이고, 이미 알고 있는 것이라면 '팁'을 통해 수정·보완할 각오도 다질 것이다. 하지만 학교로 돌아가서 배움을 제대로 실천하는가? 수없이 많은 연수가 이루어지지만 그 연수를 통해 교실 수업의 혁신이 순조롭게 이루어지는지는 의문이다.

모든 교사가 '재활용 강사'가 되는 길은 묘연한 것인가? 강사는 연수생과 어떤 점이 다르기에 연수생 앞에서 경험을 재활용할 수 있는가? 다 같이 학교 안에서 수업을 했을 것이다. 그런데도 차이가 나는 이유가 있다면, 강사는 자신의 경험을 재활용할 수 있을 정도로 '처음부터' 제대로 한 탓일 것이다. 제대로 하면 반드시 절차적 고민을 하게 되어 있다. 즉 과정을 중시하면 수행 과제를 정리하고 다듬으면서 결과를 얻고, 그 결과를 보며 행복해하는 경험을 할 수 있다. 그런 경험을 혼자만 알고 있기에는 아까운 마음이 들며 동료와 그 경험을 나누고 싶은 마음을 갖게 되지 않을까? 이런 과정을 모두가 경험할 수 있다면 재활용이 뭐 그리 어렵겠는가.

연수장에서 배우는 것은 사교육이다. 그렇지만 공교육에 비해 조금도 부족함이 없다. 골라 뽑힌 전문가는 성장 과정을 생략하지만 답을 찾는 노력을 게을리하지는 않는다. 연수생 역시 개인의 성장을 위해 '열공'한다. 문제는 '재활용' 여부이다. 강사가 재활용을 통해 길을 열었다면 연수생 역시 재활용할 각오를 다지면서 공교육으로 돌아와 몸소 실천해야 한다. 교실은 '공교육' 현장이다. 사교육으로 출발하든 공교육으로 출발하든 공과 사를 넘나들면서 살아가는 것이 교사이다. 5년 차 교사가 재활용할 것이 처음으로 돌아가는 것이라면 관리자가 재활용할 것은 평교사 마인드로 돌아가는 것이다. 많은 부분이 '재활용'의 연속이다. 하지만 그것은 현재, 나아가 미래에 이바지할 수 있는 재활용이어야 한다. 마치 과거로 돌아가자는 식이나, '향수(鄕愁)'여서는 안 된다.

공교육 현장에서는 교육 구성원들의 각자의 자리와 위치가 있고, 각자에게 주어진 역할이 있다. 교장·교감도 관리자라는 그들만의 역할이 있다. 장학사·연구사는 현장 교육에 필요한 일을 지도·감독하고 조언하는 일을 한다. 수석 교사는 교실 수업을 지원하는 일을 한다. 모두가 교육 현장을 위해 존재한다. 다만 존재하는 양상이 조금씩 다를 뿐이다. 이렇듯 각자의 자리에서 교육을 위한 노력을 게을리하지 않아야 한다. '제 안에 있는 건강한 교육철학', '학교 현장에서 유의미하게 살아가는 열정적인 교사', '교육의 새로운 패러다임을 이끌 수 있는 정책'을 진정성 있게 발굴해야 한다. '다시'가 답이다. '이전 상태대로'가 아니라 '달리 고쳐서 새로이' 말이다.

2부

날마다
준비합니다

'1'은 중요하다. 결과에 다다른 '100'도 중요하다. '100'까지 다다랐다는 사실만으로도 가치를 부여할 수 있기 때문이다. 중간에 놓인 '10, 20, 50, 80'도 중요하기는 마찬가지이다. 하지만 어느 지점에서 그만 포기하는 경우가 많다. 벽을 넘지 못한 탓이다. 그렇기에 '1'부터 '100'까지 어느 것 하나 중요하지 않은 지점이 없다. 모든 지점들이 '다음'을 결정하기 때문이다.

'1' 앞에 '0'이 있다. 교육이 '1'부터 시작된다면 교육을 하기 위한 준비 단계가 '0'이다. '0' 없이 '1'로 시작되는 교육은 실패한다. 준비가 없기 때문이다. 그런데 '0'의 길이는 고무줄이다. 1년일 수도 있고 한 달일 수도 있다.

'0' 앞에 '-1'이 있다면 금상첨화이다. '-1'은 실패한 경험이 자리하는 시점이다. '-2', 혹은 '-1'을 겪고 나서 다시금 준비하는 것이 '0'이다. '1'은 가시적인 결과로 드러나지만 '0'은 '1'의 밑이거나 속에 숨어 있기 때문에 경험하지 않고서는 알기 힘들다. 그리고 '1'부터 비로소 설명이 가능해진다.

'0'은 준비임과 동시에 연습이기도 하다. '1'부터는 이론을 통해 배움이 가능하지만 '0'은 경험을 통해 배우는 시기이다. '0'은 눈앞에 펼쳐지는 결과물이 없기 때문에 결과를 가정하며 판단해야 한다.

또한 '0'은 끝(100) 다음에 있는 새로운 숫자가 아니다. '80' 전후쯤 어딘가 한 귀퉁이에서 부담 없이 터를 잡고 준비하는 숫자이다. 이것이 바로 '끄트머리' 정신이다. '0'은 없음에서 생기는 것이 아니다. '1'부터 '100', 그 어딘가에 붙어 있다가 때가 되어 독립하는 '씨앗'이기 때문이다.

준비는
다가서는 마음이다

준비한다는 것은, 바쁘지 않겠다는 의미가 들어 있다. 달리 말하면 '빨리빨리' 해야 하는 상황을 만들지 않기 위해 '미리미리' 해 둔다는 말이다. 3월 개학의 의미를 곱씹어 보면 1, 2월은 3월 이후를 위해 준비하라는 뜻으로 이해해도 될 듯 싶다.

군이 누가 시키지도 않았는데 '알아서' 하는 교사들이 있다. 보통 3년만 지나면 학교가 어떻게 돌아가는지 알아차린다. 특히 수업은 가르치는 내용과 방법이 한정적이기에 마음먹기에 따라 얼마든지 사전 준비가 가능하다. 그 준비라는 것이 어떤 물리적 조건만을 갖추는 것이라면 별 고민 없이도 쉽게 가능하다. 주변에서 얼마든지 구해 쓸 수 있으니 말이다.

교사의 수업 준비는 채우는 것이 능사가 아니다. 버리는 것이 전제되어야 한다. 작년 것이 그대로 있는 한 넣을 필요를 느끼지 못할 것이다. 그래서 특별히 준비할 것이 없다. 준비할 것이 없다는 것은, '내 것'이 없다는 말과 같다. '남의 것'은 절대 '내 것'이 될 수 없다. 부족하지만 '내 것'이, 좋은 '네 것'보다 훨씬 수업을 주체적으로 이끌 수 있게 한다. 개발자가 인터넷에 올려놓은 자료는 결과물일뿐이다. 그러한 결과물만을 놓고 유의미한 정도를 판단하는 것은 쉽지 않다. 왜냐하면 결과물을 만들게 된 원인이나 과정은 해당 교사의 개인적 사고 수준, 학교 단위의 환경, 개발자의 경력과 능력이 입체적으로 반영된 것이기 때문이다. 어떤 경우 10년, 20년 전에 통용되었던 자료들이 되살아나 번듯하니 '현재형'으로 둔갑하여 존재하기도 한다. 그 누군들 제 손으로 준비하고 싶지 않은 교사가 있으리오. 형편이 여의치 못하여 가져다 쓰는 것이지만 어느 해 당장 필요한 것에 연연하지 않고 장기적으로 투자한다는 마음으로 '준비'를 해 보면 그 하나로 인해 알게 되는 것, 알아야 하는 것, 또는 모르고 있었던 것들이 눈앞에 턱 하니 나타날 것이다. 이때 비로소 앎을 위한 공부가 보이기 시작할 것이다. 준비한다는 것은 알 것을 펼쳐 놓은 것이 아니라 모르고 있던 것을 알아, 결국 알아야 할 것을 발견한다는 말이다.

그 발견의 실마리는 겨울 방학과 여름 방학에 주로 이루어지는 연수에서 찾을 수 있다. 방학은 수고에 대한 휴식으로 절반, 다음 학기를 위한 준비로 절반을 보내는 기간이다. 교육과정을 재구성하는 것으로 보낼 수 있다면 그중 최고이다. 수업과 평가가 만나는 지점을 예측하여 평가 계획을 세우고, 진도를 조절하여 덤으로 쓸 수 있는 시간을 확보하는 것도 이 기간이다.

연수는 당연 하나쯤은 참여해야 한다. 당장 사용할 것 하나와 장기적으로 접근해 볼 것 하나는 가지고 있어야 한다. 그래야 자투리 시간을 유의미하게 활용할 수 있다. 하루살이 인생이 아니라면 지속적으로 해야 할 것은 있어야 하지 않겠는가. 3월에는 새로운 것을 준비할 여력이 없다. 바쁘게 한 달을 보내고 나면 4월의 수업 준비는 다시 코앞이다. 장기적인 안목에서 수행 과정, 활동 중심의 수업 설계를 차근차근 준비할 틈이 없다. 교과 수업 외의 업무를 '달달'하게 보듬고 갈 형편이 아니다 보니 교육에 대한 안목과 인식은 현실에 안주하게 된다. 당장의 수업에 얽매이다 보니 교육 담론을 즐길 여유가 없는 것은 당연하다. 그러하니 '내 것 없는 삶'의 연속이지 않겠는가.

새 학년, 새 학기를 맞이할 아무런 준비도 하지 않았는데 느닷없이 손님이 들이닥친다면 반가울 리 없다. 그러나 교사에게 뜬금없이 다가오는 수업은 없다. 농부가 봄이 오기 전에 연장을 손질하는 것이나, 운전자가 겨울이 오기 전에 자가용의 부동액을 점검하는 것처럼 교사도 준비해야 한다. 미리 방문할 것이라 하고 초인종을 "땡동" 눌렀는데, "누구세요?"로 답할 집이라면 그 다음 이어질 상황은 뻔하다. 답은 "어서 오세요. 기다리고 있었어요."가 아니겠는가.

준비의 중요성을
아는 사람, 교사

처음 20대의 젊은 나이에 보여 주었던 의욕으로는 30년을 버틸 수 없다. 또한 30년 전의 20대 교사와 현재의 20대 교사의 상이 같아서는 안 된다. 교사는 공무를 집행하는 공인이니 자신의 성격, 취미, 특기, 인생관, 가치관 등이 교사로서의 업무 수행에 바탕이 되어서도 안 된다. 현재의 교육과정에 자리하고 있는 교육과정의 방향과 목적, 그리고 교사관, 수업관에 자신을 일치시키려는 노력을 해야 한다.

교사 자신의 성격이 내성적이어서 학생들에게 늘 정적인 활동을 강조한다거나 성격이 활발해서 학생들에게 늘 동적인 활동만을 강조하는 식이어서는 안 된다. 3년 차 교사만이 할 수 있는 것이 정해진 것도 아니고 30년 차 교사만 할 수 있는 전략이 정해진 것도 아니다. 학생들은 20대 초반의 교사가 가르칠 수도 있고 정년을 앞둔 교사가 가르칠 수도 있다. 물론 완전히 같을 수는 없겠지만 그 차이로 인해 '할 것과 못할 것'이 정해진다는 것은 문제가 있다. 나이가 들어 못할 것이라면 멈춰야 한다. 모두가 '그때'가 되어서는 안 되겠다 싶기에 정년이 있는 법이다. 그런데 그전에 '나이' 때문에 할 수 없다면 이는 교육과정을 따라가지 못한다는 의미이니 어쩌겠는가. 역시 수준에 맞는 삶을 선택할 수밖에.

공정한 출발이냐 아니냐 하는 문제는 출발의 조건을 동일하게 했느냐의 여부에 따라 결정된다. 운동 경기에서 출발의 조건은 심판이 결정하게 되고, 선수들은 심판의 지시에 따라야 한다. 하지만 이는 출발점에서만 해당하는 극히 짧은 순간의 '조건의 공정성'일 뿐이다. 심판은 출발점 이전의 '준비 여부'는 고려하지 않는다. '무엇으로 준비했느냐', '어떻게 준비했느냐' 하는 문제는 중요하지 않다.

하지만 교육은 다르다. '준비가 중요하다'는 점 외에도 준비의 주체, 준비의 내용, 준비의 이유, 준비의 전략, 준비의 시기, 준비의 양, 준비의 질, 준비의 장소를 따져야 한다. 무작정 준비하면 자칫 그 준비된 것을 대안 없이 사용하여 예상치 못한 잘못된 결과를 낳을 수도 있다. 그렇다고 준비의 중요성을 강조한 나머지 지나치게 양(量)만을 강조하는 것은 좋지 않다. '준비할 방법을 아는 사람'이 현명한 교사가 아닌가 하는 생각이 든다. 교육은 출발점 이전의 훈련과 대비가 중요한 운동 경기와 달리, 교사가 된 이후의 준비, 열성, 의식으로 인해 수업의 질이 결정되기 때문이다.

교육과 관련한 준비에 있어서, 교사가 체계적이고 주도면밀한 의도적 장치를 사전에 해 놓지 않으면 학생은 절대로 스스로 준비하지 않는다. 학생에게 결과만을 가지고 질책하기 전에 교사 자신이 학생의 결과에 '나는 어느 정도 관여했는가.'를 물어야 한다. 교사가 학생의 신뢰를 받느냐 그렇지 않느냐의 문제도 교사의 준비도에 따라 결정된다는 것을 알아야 한다.

교사는 학생을 통해서만 존재의 이유가 나타나는 '선택적 위치'에 놓여 있는 부자유한 사람이다. 그렇다고 모든 삶의 사회생활을 다 교육자라는 점에 얽매이는 것은 물론 바람직하지 않다. '나는 교사로 존재한다.'는 존재론은 인간의 존재론 중에서 교사의 존재, 즉 교사의 입장에서 무엇으로 존재하는가의 문제이다.

준비의 첫 단계,
자기만의 교육 철학 세우기

'철학이 있다'는 것은 '가치 있는 선택 능력'이 갖추어졌음을 의미한다. 즉 선택을 필요로 할 때 일관된 방향으로, 지속적으로, 외압에 굴하지 않고 선택할 수 있는 자기만의 고집을 갖고 있다는 것이다. 반대로 철학을 갖지 못했다는 것은 가치 있는 선택을 할 수 있는 판단, 그 자체가 없음을 뜻한다. 판단이 없다는 것은 자신이 어떤 문제에 대한 태도를 결정하지 못할 뿐더러, 그로 인해 옳고 그름의 선택을 고민하지 않는다는 말이다. 그래서 철학의 존재는 바로 태도로 나타난다고 할 수 있다. 태도는 어떤 일에 대한 판단과 선택의 결과로 나타나는 외적인 자세이기 때문이다. 철학은 모든 삶의 생각 있는 움직임에 영향을 미친다.

교사로서 생각 있는 움직임을 하기 위해서는 교육 철학을 지녀야 한다. 교육 철학이 없다고 말하는 것은 교사가 학생을 사랑으로 바라보지 않는다는 것이다. 그러나 이 문제는 교사 개개인의 문제이면서도 교육 환경의 문제가 얽혀 있다. 교사가 사랑으로 학생을 대하지 못하는 것을 지적하기 전에 교육 정책의 부재를 먼저 지적해야 한다. 철학은 또한 인간의 상호 작용을 연결하는 고리이기 때문에 교육의 현장은 철저하게 인간적인 것이어야 한다. 학생을 '생각 있는 움직임'으로 바꾸는 것도 역시 교육 철학을 갖는 문제와 연결된다.

학생과 보다 가깝게, 그리고 학생 앞에 자신감 있게 섰다면 이제 어떻게 해야 하는가? 이때 실천의 올바른 행동은 무엇일까? 그것은 한마디로 '의식화'이다. 의식이 없는 사람은 올바른 판단을 할 수 없다. '문제의식'이라는 말로 쉽게 이해되는 이 사고방식은 사실을 통해 문제점을 파악하고 대안을 찾게 한다. 의식이 없으면 문제점을 발견하지 못한다. 의식하지 못하기 때문에, 학생이 힘들다는 것을 파악하지 못하고 무리하게 지도하는 것이다. 학생들 역시 마찬가지이다. 의식하지 못하기 때문에 타인을 이해하지 못하고 교사가 시키는 대로 할 수밖에 없는 것이다.

상식에 근거한, 선험적 사실에 근거한 교육관은 사안에 따라서 매번 충돌한다. 또한 환경에 따라서, 교사의 개인적 의지에 따라서 늘 가변성을 지닌다. 그럼에도 교육관은 지속적이어야 한다. 그러기 위해서는 교육에 대한 끊임없는 자기 개혁이 뒤따라야 한다. '어쩔 수가 없다.'는 상황은 누구든지 있다. 그러나 그런 상황을 매번 숙명으로 받아들이느냐 아니면 현실적으로 해결하려는 의지를 갖느냐에는 차이가 있다. 이러한 차이 때문에 동일한 문제도 사람에 따라 다른 결과로 나타난다. 어떤 한 문제가 어느 사람에게 가면 힘든 과제가 되어 짐이 되기도 하지만 어떤 사람에게 가면 가볍게 처리되기도 한다. 교육과 관련한 제반 문제는 결국 그것을 받아들이는 교사의 의식에 의해서 결정되는 것이다.

'교육 철학이 없다.'는 말은 곧 자기 목표가 없다는 말과 상통한다. '무엇을', '어떻게' 가르칠 것인가에 대한 뚜렷한 계획이 없다는 말이 아니고 무엇이겠는가? 만일 교사가 교육 철학을 갖기를 원한다면 우선 확인할 것이 있다. "내 앞에 있는 학생에 대해 나는 어떻게 생각하는가?" 그러고는 스스로 답을 해 보자.

무엇을
준비해야 할까

 '무엇'은 곧 내용이다. 학생들에게 가르칠 내용이고 학생들이 알도록 해야 할 내용이다. 준비라는 측면에서 무엇을 준비할지를 살피는 것은 결국 1년 전에 준비할 '무엇', 한 달 전에 준비할 '무엇', 일주일 전에 준비할 '무엇', 그리고 수업 전에 준비할 '무엇'을 분명히 해야 한다는 것이다.

 가장 핵심이 되는 '준비할 무엇'은 교육의 목표와 성격을 정확하게 아는 것이다. 이는 교육과정에서 문서로 정리된 자료를 통해 변화의 양상을 수동적으로 아는 것만을 의미하지는 않는다. 이보다는 교육과정의 변화를 예측하는 힘을 기르는 것, 다시 말하면 폭넓은 독서를 통해 자신의 판단 능력을 부단히 키우는 것이 준비해야 하는 핵심 사항이다. 교육과정에 자리하는 것이 무엇이고 그것이 학교 전반의 운영에 어떤 모습으로 작용하는지를 알게 된다면, 장차 교육 목표의 경중을 가리는 지혜, 시기를 조절하는 슬기를 가질 수 있게 될 것이다. 나아가 목표를 세우는 것들을 조절할 수 있을 것이다.

교육은 이제 사회적 제반 변화의 안전지대가 아니다. 교육과 경제, 교육과 정치, 교육과 문화를 분리해서 다룰 문제도 아니다. 준비를 하는 데 감안해야 할 사항이 그만큼 늘어난 것이다. 준비는 자료의 양과 질에 의해서 결정된다. 우리는 지금까지 단위 교과의 참고서, 그 자체가 준비의 처음이자 마지막이 아니었는지 돌아보아야 한다. 준비를 지나치게 좁게 생각했기 때문이었음을 깨달아야 한다. 입시나 성적만을 생각하는 한 이 범위는 결코 확장되기 어려울 것이다.

어떻게
준비해야 할까

　'어떻게'라는 어휘는 다분히 구체성이라는 것을 필요로 한다. 흔히 '방법'이라는 말과 통하는 말이다. 이때 '방법'은 '목적을 이루기 위하여 취하는 방식이나 수단'이나 '객관적인 진리에 이르기 위한 사유 활동을 행하는 방식'으로 풀이된다. 흔히 국어에서는 전략이라는 말로 대치되기도 한다. '교수·학습 전략'의 전략을 이야기할 때, 이 전략은 일단 내용을 전제로 한다. 적군이 없이는 싸움이 되지 않는 전쟁과 같은 것이다. 그러니 전략도 내용의 다음 단계임을 알아야 한다. 내용에 따라 그에 맞는 전략이 만들어지기 때문이다. 또한 내용은 그 자체로 전략을 창출하기도 한다.

　우리는 세상을 살아가면서 만반의 준비를 다하지 못하고 살아가는 경우가 허다하다. 그때그때의 상황에 따라 적당히 대처한다. 그래도 별 탈 없이 넘어가기 일쑤이다. 배움의 시기가 끝나고 나면 사람들은 학창 시절에 흔히 해 왔던 일일 계획표를 작성하지 않는다. 그 이유는 계획을 세우지 않아도 탈이 없기 때문일 것이고, 하루하루의 삶이 자신의 계획대로 이루어지는 것은 아니라는 판단 때문일 것이다. 그러나 더 큰 이유는 어른이 된 이후로는 방법의 고민을 등한시하기 때문일 것이다. 즉 과정보다는 결과 그 자체만을 중요시하기 때문이다.

'어떻게 준비할 것인가.' 하는 문제는 내용을 가지고 생각해야 하는데, 시간을 효과적으로 소비하는 방법을 고민하는 것도 포함된다. 교수·학습의 과정을 학생 중심으로 작성하는 것도 일종의 '어떻게 준비할 것인가.'에 해당하는 항목이다. 이것이 중요한 이유는 학생과 교사가 만나는 자리는 지식을 매개로 한 교사의 전략과 만나는 자리이기도 하기 때문이다. 교사가 수업과 관련해 아무 의도도 없이 교실에 들어가면 그것은 '덜된 교사'이다. 교사는 학생의 수준에 알맞게 포장된 지식을 가지고 교실로 들어가야 한다. 이것이 '다 된 교사'이다.

어떻게 준비할 것인지는 어떻게 배울 것인지와도 닿아 있다. 강조하고 싶은 것은 연수의 중요성이다. 배우는 것은 혼자서 할 수 있는 것도 있지만 때로는 집단을 통해, 혹은 그 분위기를 통해 배우는 것도 있기 때문이다.

연수는 일종의 간접적 준비, 간접적 투자, 장기적 투자이다. 연수는 불가시적인 특징 때문에 효과가 금방 나오는 것도 아니고 당장 써먹을 수 있는 것도 아니다. 그러나 유능한 교사는 반드시 가야 할 곳과 가지 않아도 될 곳을 구별할 줄 안다. 반드시 가야 할 곳(연수)을 만나면 가고 싶은 마음이 생기는 사람이 바로 준비할 줄을 아는 교사이다. 가야 할 마음이 생기도록 하는 것 역시 교육의 질을 높이겠다는 의식 때문이다.

참여하지 않고서는 아무 것도 느끼지 못한다. 자료집을 통해 얻는 것은 그 연수의 10%도 안 되기 때문이다. 만남의 장소에서 얻는 결과물은 교사에게 한없는 기쁨과 샘솟는 힘을 제공한다.

언제
준비해야 할까

　1시간을 가르치기 위해서 3시간을 준비해야 한다는 것은 익히 들어 왔던 선배 교사들의 주문이다. 단지 양의 문제로 따지면 그 정도의 시간이면 적당하다. 하지만 여기서 우리가 간과해서 안 될 것은 그 3시간이 수업 바로 전의 3시간이어서는 안 된다는 것이다. 내일 가르치기 위해 소비하는 오늘의 3시간이어서도 안 된다. 그렇다고 다음 주에 가르치기 위해 이번 주에 투자하는 3시간이어서도 안 된다. 그 3시간은 최소한 한 달 후에 가르치기 위한 한 달 전의 3시간이어야 한다. 하지만 가장 최선은 1년 후에 가르칠 내용을 1년 전에 3시간을 준비하는 것이다.

　때로는 교사가 자신의 경험으로 인해 준비를 소홀히 하는 경우도 있다. 경험은 교육에서 대단히 중요하다. 그러나 경험은 결코 교실 수업을 위한 준비가 될 수는 없다. 경험은 준비를 막는 적이 되기도 하기 때문이다. 경험이 없을 때 대부분의 교사는 긴

장한다. 그래서 경험 부족을 극복하기 위해 준비에 많은 시간을 투자한다. 그 과정에서 일정의 '가상 경험'을 하게 된다. 그러다가 경험이 쌓이면 꾀를 부리기 시작한다. 수업 준비를, 가상의 경험을 줄이는 것이다. 심지어 수업 중에 일어나는 시행착오를 당당하게 받아들인다. 이러한 시행착오는 교사의 '현실 경험'이 되고 교사는 그 '현실 경험'을 그대로 받아들인다.

그러나 이 아픔이 묻어 있는 '현실 경험'은 결코 '가상의 경험'을 늘리려는 노력을 이끌지는 못한다. 그만큼 교사는 선험적 사실에 근거해서 자기만의 성역을 쌓아 간다. 그래서 교사만큼 버릇이 뚜렷하게 나타나는 직업도 없다. 가장 반복적이고 가장 일방적이기 때문이다. 또 학생은 교사를 변화시키고 교사의 잘못을 지적할 줄 모르는 착한 아이들이기 때문이다.

준비하지 않는 것의 가장 큰 문제는 학생에게 스스로 경험할 기회, 경험할 준비를 제공하지 못한다는 것이다. 교사 자신이 경험을 준비하지 않았는데 어찌 학생에게 그 준비를 하게 하겠는가. 그래서 일방적으로 자신의 경험 쌓기에 매몰되는 것이다.

한 학생이 1년에 만나는 교사는 20여 명이나 된다. 준비되지 않은 교사로 인해 다른 교사 20여 명이 힘든 수업을 하게 하는 것은 피해야 한다. 더 늦기 전에 준비를 해야 한다.

준비의 시간은 시기적으로 빨라야 한다. 그 이유는 첫째, 1년을 단위로 교육 내용을 체계화해야만이 학습 내용의 순위와 수업의 속도를 조절할 수 있기 때문이다. 모든 학교 업무는 1년을 단위로 해서 반복된다. 그래서 교사는 반드시 1년간의 학습 내용을 충분히 준비해야 한다.

무엇을 준비하느냐에 따라 시기는 유동적이다. 짧은 것은 하루 전에도 가능하다. 물론 준비하는 시기가 수업과 가까운 것일수록 중요도에서는 떨어지기 마련이다. 지나치게 시사적이고 감각적이기 때문이다. 더군다나 수업과 한번 가까워진 시기는 좀처럼 멀어지지 않는다. 그럴수록 교사는 참고서에 매몰되어 좁은 안목을 가지고 교단에 서게 된다. 교사가 장기적인 계획을 등한시할수록 자신의 교육적 안목은 좁아질 수밖에 없는 것이다.

둘째, 현장 교사는 교수·학습의 내용과 관련한 준비를 경력이 쌓여 갈수록 줄이려 하기 때문이다. 이는 수업 준비의 중요도를 지나치게 교수·학습의 내용에 두기 때문에 생기는 문제이다. 영어나 수학 교과는 그 성격상 내용 중심의 공부가 주를 이룬다. 과학 교과나 사회 교과도 다분히 내용 중심이다. 그래서 한번 정리된 사실은 좀처럼 바뀌지 않는다.

하지만 이제는 준비의 의미를 학습 내용에 한정하는 것이 아니라 교수·학습의 방법, 전략에 두어야 한다. 가변성과 역동성을 지닌 사회 문제를 수업 현장에 적용하기 위해서는 언제나 교수·학습의 내용을 다시금 음미하고 이를 재구성하는 시간을 가져야 한다.

준비하는 교사 곁에는
준비하는 교사가 있다

저절로 준비되는 교사가 될 수 없는 이상, 준비된 교사가 되기 위해 부단히 노력해야 한다. 시험을 통과해 교실에 들어섰다는 그 자체가 바로 준비 완료를 인정하는 것은 아니다. 최소 조건만 갖추었을 뿐이다.

준비가 쉽지 않다는 것은 주변 환경 문제와 관련이 있다. 자신과 가정과의 관계, 자신과 자신을 둘러싼 교사와의 관계, 자신이 개인적으로 관심을 갖고 행하는 모든 일 등이 다 환경적인 요인이라고 할 수 있다. 그중에서 우리가 가장 중요하게 생각할 점은 교무실에서의 대화 환경이다. '나는 어떤 소재로 동료 교사와 이야기를 나누는가?' 하는 것이다.

지금 당장 교육 내용, 교육 방법과 관련해 대화할 수 있는 상대를 찾자. 그리고 단위 교과 교사와 보다 근원적인 문제를 가지고 논의를 해 보자. 소재는 아주 쉽고 간단한 것으로 정한다. 그리고는 옆 좌석에 앉아 있는 동료 교사가 보는 책이 무엇이고, 뒤쪽의 동료 교사가 보는 전문서가 무엇인지 살펴보자.

나의 준비가 늦어질수록 나의 준비를 돕고 나에게 조언하는 사람이 주위에서 차츰 멀어진다. 준비는 많을수록 좋다. 많은 준비는 또 다른 준비를 필요로 하는, 얼마 동안은 부족함을 느끼게 하는 교사가 되게 해 준다. 그렇지만 그 단계만 넘으면 얼마 후에는 준비할 내용을 스스로 창조할 능력을 갖게 된다. 그때에야 비로소 훌륭한 교사가 되는 것이 아닐까.

물론 우리 주위에는 자신의 부족함을 알게 해 주는 훌륭한 선생님들이 많다. 그래서 행복하지 않은가. 또 다른 부족함을 채울 일을, 노동을 할 수 있는 계기를 마련해 주니까 말이다. 할 일이 있다는 것은 요즘 같은 어려운 시대에 참으로 행복한 일이다. 할 일이 없어 교실에 들어서지 못하고 교무실에서 빈둥빈둥 놀게 된다면 어떻게 할 것인가?

준비된 학생 앞에는 반드시 준비된 교사가 있어야 한다는 사실을 명심해야 한다.

3부

내 이름의
수업을
만듭니다

그 무엇에, 그 누구에게 종속되는 삶이 아니라 주체가 되어 '내 것'을 가지고 살 수 있는 것이 교직이다. 교사는 상명하복의 수직적 권위는 약하고 수평적 관계가 강하게 자리한 집단이기도 하다. 여타 직업과 달리 교사 개개인의 책임에서 끝이 나기 때문에 수업의 양과 질에 대한 책무성은 전적으로 교사에게 있을 뿐이다. 그렇기 때문에 교사 개인의 역량은 경력이 쌓일수록 차이 나기 마련이다. '재구성'은 그 차이를 발생하게 하는 가장 큰 요인이다. '재구성'은 교육이 다양성을 지녔다는 점, 학생 개개인이 다르다는 점, 지역과 수준에 따라 교육에 융통성을 지녀야 한다는 점을 고려하여 '믿고 맡겨 보겠다.'는 뜻을 담고 있다.

'재구성'은 구성을 다시 한다는 말이다. 구성은 '여러 부분이나 요소들을 얽어 짜서 체계적인 하나의 통일체로 만드는 것'이다. 따라서 '재구성'은 이미 만들어 놓은 것(교과서)을 학교(학생)의 실정에 맞게 흩뜨려 놓고 다시금 조정하는 일이다. 단순히 자리를 바꾸는 것이 아니라 수준과 의도(주제 의식, 학습 목표)에 맞게 다시 구성하는 것이다. 마트에서 구입한 반찬을 전자레인지로 데워 먹이는 것이 아니라, 반찬을 손수 만들어 건강한 식단을 짜는 것과 같다.

'재구성'은 자기 교과에서 필요로 하는 개념, 배경지식, 평가 문항, 학습 활동 등을 일정한 체계에 따라 모아 두는 것만으로도 충분하다. 마치 뷔페식당처럼 시간 있을 때 미리미리 반찬을 마련해 두는 이치와 같다. 학생이 접시에 담아 먹기 편하도록 진열해 놓은 것만으로도 재구성의 절반은 이룬 셈이다. 다만 교사는 어떤 원자재가 싱싱한지, 어떤 재료가 더 나은지 알아차리는 안목을 기르는 일을 게을리하지 않아야 한다. 교사로서 공부가 필요한 지점이다.

재구성은
내 이름의 수업이다

통상 재구성이라 하면 국가 수준의 교육과정을 교사 자신만의 교육과정으로 구성해 가는 모든 과정을 말한다. 쉽게 말하면 학교 단위나 교사 개개인이 전문성에 기초해 교육 목표를 효과적으로 달성하기 위해 행하는 자율 활동이다. 하지만 요즘은 '교육과정-수업-평가-기록'의 일체화 요구가 워낙 강한 탓에 재구성의 범주가 넓어졌다. 협의의 재구성은 교과서의 단원을 줄이고 늘리는 수준에 멈추기도 한다. 하지만 광의의 재구성은 교과의 성취기준을 염두에 두고 아예 다른 교과서에서 성취기준에 부합하는 단원을 통째로 옮겨 오기도 한다. 또는 교사가 중요하다고 생각하는 성취기준을 수행 과정 평가로 빼내어 별도의 프로젝트 학습으로 구현하기도 한다. 재구성은 교사에게 주어진 가장 확실하고 분명한 권한이라 할 수 있다.

새 책을 펼쳐 든 학생들의 공부를 다짐하는 '온 마음'이 1년 동안 이어질 수 있게 하는 힘은 교사가 가진 '내 것'의 여부에 있다. 학생들에게 가르쳐 줄 '나만의 것'이라는 의미는 물론이거니와 학생들을 '내 안의 것'으로 맞이하는 진정성을 담고 있어야 한다는 말이다. 어느 여행지에서 본 그 아름다운 풍경은 '내 것'이 아니다. 그렇기에 사진 속에 담아 추억으로 간직할 뿐이다. 손수 집을 지었을 때 집주인으로서의 의미가 더욱 커지듯이, '내 것'으로 만든 재구성에는 교사의 정체성과 진정성이 담겨 있다.

교사의 가르치고 싶음과 학생의 배우고 싶음이 만날 때 교실에 '희망'이 자리한다. 희망은 단시일에 도달할 목표는 아니다. 최소 한 학기 이상 이어 갈 주제여야 하고 그러므로 수준과 과정이 유기적이어야 한다. 희망이 바람직한 결과를 낳기 위해 가장 필요한 것은 '멈추지 않음'이다. 멈추지 않으려면 지속할 것이 있어야 하는데 그 지속성이 바로 자신의 에너지를 쏟아부은 '재구성' 아니겠는가. 날마다 외식할 수 없듯, 매번 빌려다 쓰는 것은 교사 스스로에게 부끄러운 일이다. 희망은 도움을 받아 생기는 것이 아니라 스스로 만들어 가는 것임을 잊지 말아야 한다.

'교사의 힘'은 교과서에서 나오지 않고 '재구성'에서 비롯한다. 그러기에 재구성은 능력의 문제가 아니라, '의지'의 문제이다. 재구성하려는 의지를 굳건히 가지려면 연구회 같은 '조직'을 만들어야 한다. 그래야만 교직에 있는 동안 자유로움의 기쁨을 누릴 수 있다. '내 이름의 교과서'를 만들자.

재구성은
버림에서 출발한다

마땅히 오늘 되살려야 하는 지식이나 활동을 제외하고는 가급적 버리는 마음이 앞장서야 한다. '재활용'의 유혹 때문이다. 경험이 '보호 장비'가 되어 자료 활용의 '유효 기간'을 연장하려는 나태함을 막기 위함이다. 이렇듯 재구성은 빈자리에 새로운 것을 채우려는 마음이 자리해야 가능하다. 마음을 비운다는 것은 처음으로 돌아간다는 의미이다. 그렇다고 추억을 되살리자는 말은 아니다. 귀한 손님을 맞이하기 위해 집안을 청소하는 것이 곧 재구성이다.

마음을 비운 다음에 할 일은 교수·학습 과정안을 작성하는 일이다. 모든 교사가 교육과정이나 교과서를 개발하지는 않는다. 아니 할 필요가 없다. 교사의 절대 다수는 교과서를 '가지고' 수업만 하면 된다. 교육과정이나 교과서를 개발하는 교사와 교과서로 수업만 하는 교사 가운데 누가 더 자유롭고, 더 창의적이고,

더 부담이 없을까. 당연 교실에서 수업하는 교사 아니겠는가. 교육과정이나 교과서가 규격화된 '아파트'라면 재구성은 '단독 주택'이다. 얼마든지 제 구미에 맞게 수업을 디자인할 수 있으니 훨씬 다양한 형태로 이끌 수 있지 않겠는가. 여러 자습서나 참고서를 펼쳐 놓고 짜깁기하는 식의 해설을 덧붙이는 수업 준비가 아니라, 처음부터 새롭게 집을 짓는다고 생각하면 그것이 행복 아니겠는가. 올해 지은 집이 다소 문제가 있어 보인다면 내년에 다시금 지을 수 있으니 얼마나 멋진 일인가.

수업은 '수업 시간'에 이루어진다. 하지만 수업의 질은 수업 시간에 결정되는 것이 아니라 수업 준비에서 판가름 난다. 재구성은 문서로 보여지는 요식 행위가 아니다. 드라마를 '녹화한 필름'과 같다. 매일 같이 시청하는 드라마가 생방송으로 이루어진다면 어떻겠는가. 물론 시청자야 문제될 것이 없지만 배우나 스태프는 어떻겠는가. 이런 경우를 생각해 보면, 수업 역시 미리 녹화를 해 두어 수업 시간에 방영한다는 마음으로 접근하는 것이 필요하다. 그래서 재구성이 잘된 수업은 교사가 설명하거나 강의하는 것이 아니라, 녹화된 필름을 잘 편집하여 '보여 주는 것'이라 할 수 있다.

더불어 금요일에는 반드시 '교사 교육과정'이라 할 수 있는 '다음 주 나만의 1주일 시간표'를 작성해야 한다. 준비할 것이 있다는 것은 기분 좋은 일이다. '미리 숙제를 줄 걸.', '사전에 이것을 먼저 할 걸.', '다음번에는 이것을 해야 하겠군.', '몇 반은 수업이 안 되겠군.', '학교 행사가 이때쯤 있겠군.', '수업 진도가 늦겠군.' 등을 확인하고 점검하는 것부터 시작하면 된다. 하나같이 빠지지 말아야 할 점검 내용이다. 교사의 삶은 진도와 무관할 수 없다. 단순히 교과 내용을 떠나 1주를 기점으로 반복에 반복을 거듭하지만 그 안에서의 변화를 예측하고 준비할 것을 확인해 두어야 한다. 재구성은 이렇듯 시간과의 싸움이다.

교육과정의
주인이 되라

교육과정은 '교육 목표를 달성하기 위해 선택한 교육 내용과 학생 활동을 체계적으로 편성·조직한 계획'이다. 즉 학교에서 이루어지는 교과에 관한 활동과 생활 지도의 총체이다. 이를 효율적으로 운영하기 위해 시간표를 짜 교육 시간을 정하는 일, 그 속에서 교과목의 지식을 습득하게 하는 일, 나아가 다양한 교수 행위를 통해 배움이 일어나게 하는 활동 등이 교육 공동체 간의 협의를 통해 이루어진다.

때가 되면 어느 부장이 교육 계획서를 작성할 것이고 준비할 업무가 무엇인지 담당 부서에서 친절하게 안내해 줄 것이니 필요한 서류의 제출을 요구할 때 늦지 않으면 된다. 물론 누군가가 시간표도 작성해 줄 것이다. 학년 배정은 협의를 통하든 나름의 규칙에 따르든 수월하게 이루어질 것이고 교과 시수는 무리 없이 양보하면 된다. 서운한 부분은 내년에 주장하면 되니 말이다.

생활 지도는 갈등의 소지가 없는 선에서 융통성을 발휘하고 교과 연구 역시 교과서를 만든 출판사에서 애써 마련해 줄 것이니 섣불리 나서지 않고 기다리고 있으면 숟가락만 들고 와도 되는 때가 온다. 그러니 조바심 갖지 않아도 된다. 인권이 중시되는 시대이니 무리하게 지도할 필요도 없다. 참으로 좋은 시대(?)에 살고 있는 듯도 싶다. 보충 수업을 요구하면 눈치껏 하고, 특별한 활동 하나쯤 도맡고, 공문 처리 깔끔하게 하면 사는 데 크게 문제 될 것도 없다. 사제동행의 정신을 잃지 않고 품위에 어긋나는 행동을 삼가며 평가 결과에 크게 신경 쓰지 않고, 공평무사한 처신을 바탕으로 출세 역시 바라는 바가 아니라면 큰소리치지 못할 이유도 없다. 더구나 자기 고집 부리지 않고 아이들을 사랑하고, 동료 간에 우애하면 평균 이상의 점수를 받기에 별 무리가 없다.

그런데 문제는 이 '기본'을 등한시하고 주객이 전도된 교육 풍토에서 우리가 살고 있다는 사실이다. 한마디로 기본을 뒤흔드는 데 결정적 역할을 하는 '더'가 문제이다. '더'는 '그 위에 보태어', '어떤 기준보다 정도가 심하게. 또는 그 이상'의 의미이다. 양이 많음의 문제이다. 만일 더해서 좋은 결과를 낳는다면 얼마든 박수 칠 일이다.

하지만 모든 구조에 일정한 기준이나 범위가 있듯, 무언가 더 하다 보면 역효과를 내는 경우가 있기 마련이다. 당장은 성과를 내지만 결과적으로는 지속할 수 없다거나, 어느 순간까지는 효과를 기대할 수 있지만 궁극적으로는 다른 부분에 피해를 입히는 결과를 낳기도 한다.

기본에 더하여 한 단계를 더 쌓는 것은 어쩌다 시도할 일이다. '비정상이 정상'이 되는 순간, 그것은 '아랫돌 빼서 윗돌 쌓는' 격이다. 진정 더하기를 바란다면 기본에 충실해야 한다. 기본기가 충실하면 더하는 것은 응당 '저절로 넘쳐' 나오지 않겠는가.

교육과정은 언제나 교사의 손에 손쉽게 와닿지 않았다. 교육과정은 한 번도 교사의 품으로 들어오지 않았다. 교육과정은 오로지 보이지 않는 곳에서 존재할 뿐이어서 고마워한 적도 없었다. 교사에게 있어서 교육과정은 '누가, 언제, 어디서'일 뿐이다. '무엇을, 어떻게'에 대해서 교육과정은 친절한 적이 없었다. 그렇기에 '왜'에 대한 교사의 의식에 따라 수업 내용과 방법은 달라질 수 있다. 아니, 달라져야 한다.

문서로서의 교육과정은 법과 달리 그 자체로는 힘을 발휘할 수 없다. 오로지 교사와 학생이 교실에서 만나 어우러질 때 비로소 교육과정이라는 존재의 값어치는 빛이 난다. 벽에 걸어 놓은 급훈이나 교훈 같은 문구로는 교육이 될 리 없다. 움직임을 꾀하지 않는 교육과정은 소용이 없다. 그러니 어찌 책임감에서 자유로울 수 있으리. 문서로서의 교육과정 그 자체는 친절을 논할 대상이 아니다. 친절한 수업을 해야 하는 교사의 절대적 책무일 뿐이다.

교육과정 그 자체가 좋은 교육을 담보하는 것은 아니다. 교육과정의 종점에서 교사와 학생이 만나고, 그 가운데 교수·학습 내용과 교수법이 온전히 자리했을 때 비로소 교육과정은 빛나는 법이고, 좋은 교육이 이루어진 것이다. 교육과정의 최종 집행자로서의 인식을 갖는 것이야말로 참된 교사상의 표본이 아니겠는가.

나만의
교육 목표를 가져라

처음 교단에 설 기회를 얻고 교사로 살기로 마음을 먹었던 그 순간, '직업'을 얻었다는 1차적인 희열을 넘어 교사로서의 목표가 무엇이었는지 돌이켜 보자. 교과서를 재구성하지 못한 상태에서('무엇'에 대한 무지), 교수 전략이 세워지지 않은 상태에서('어떻게'에 대한 무지) 과연 우리는 '왜'라는 답에 해당하는 목표를 세웠는지 말이다. 초임일 수도 있고, 10~20년 이상 교직에 몸담고 있다가 불현듯 반성적 사고로 자신의 목표를 점검하는 시점일 수도 있다. 반성은 아름다운 힘이다. 다시 한번 목표를 세울 수 있는 기회를 제공하기 때문이다. 목표는 머물고 싶은 '곳'이거나 행동을 취하여 이루려는 '것'이다. '목표'를 가지고 애끓는 고민을 했던 초임의 순간이나 어느덧 중년에 서서 목표를 수정하려는 순간이나 둘 다 공통적으로 희망이 밑동에 깔려 있다.

교육 목표와 연관을 맺는 것들은 많다. 좁게는 소단원에서부터 대단원의 목표, 1년간의 교과 및 담임의 목표, 자료 개발 및 연구 등이 떠오른다. 그런데 교사라는 삶을 염두에 두었을 때 이러한 목표들과 어떤 깊이로 만나야 하고 또 그 목표라는 것이 과연 유의미한 실제일까 하는 의문이 든다. 달리 생각해 보면, 교사로서의 자세, 학생을 대하는 태도, 수업에 임하는 행동과 같은 것들이 오히려 실질적인 목표가 아닐까 싶다. 결국 중요한 점은 '학생'과의 관계이다. 교사의 목표는 학생의, 학생에 대한, 학생을 위한 목표일 수밖에 없다.

교육에서 목표점을 명징하게 잡지 못하고 수업을 전개하는 것은 매일 마라톤을 달리는 것과 같은 이치이다. 100미터 달리기는 하루에 몇 번에 걸쳐 최선을 다해 달릴 수 있으나 장거리는 매일 그럴 수 없다. 수업도 마찬가지이다. 학습의 효율을 높이기 위해 목표를 세울 때에도 그 목표는 반드시 한 시간에 도달할 수 있어야 하고, 이것이 대단원의 목표를 달성하기 위해 어느 수준, 어느 단계에 있는지를 수업 중간중간에 확인해야 한다.

목표를 세워 그것에 도달한 경험을 갖게 되면 그 목표는 또 다른 목표를 위한 기초로 작용하게 됨을 경험할 수 있다. 그렇기 때문에 교직에 있는 동안 현재의 목표가 무엇인지를 밝히는 것만으로도 그 사람의 교육력을 짐작할 수 있다.

목표를 알고 가는 여정은 시간 시간이 알차다. 목표를 미리 인지하고 가다 보면 그 과정에서 만나는 교육 계획의 질감이 보이고, 교육 계획이 요구하는 활동의 실효성을 가늠할 수 있다. 어제가 오늘에 이바지하고 오늘이 내일에 이바지할 수 있는 것도 목표라는 하나의 푯말이 있기에 가능하다.

초임 때 교육 목표를 세운다면 교육의 본질에 충실해야 한다고 말해 주고 싶다. 1급 정교사 자격 연수를 받는 시점에서는 교육에 '자기'를 넣으라고, 10년이 넘어서면 '내 것'을 만들어야 한다고, 어느덧 20여 년이 지나고 있다면 '나눌 것'이 있어야 한다고 조언을 놓고 싶다. 이러한 목표 안에 자리하는 씨앗은 '정체성'이 아닐까 싶다. 물론 자발성이 원동력이 되어야 한다. 30, 40년은 긴 여정이다. 긴 여정이 지시와 복종으로 이루어진다면 힘겨울 일이다. 초임 때 이유 없이 받아들여야 하는 것이 100%였다면 3년이 지나서는 30% 정도는 '내 것'이 가미되어야 하고, 10년이 되어서는 70% 정도가 '내 의식'에 따라 구안된 자료로 수업이 전개되어야 한다. 이러한 사고를 학생의 입장으로 대입하면 '자기 주도적 학습'이라 할 수 있다. 하지만 그 학생의 자발성이 교사의 도움 없이는 불가능하듯, 교사 또한 선배 교사의 도움 없이 스스로의 힘으로 '내 것'을 얻어 내기는 힘들다. 그래서 목표 설정에서부터 달성에 이르는 과정에 '연수'는 필수이다. 이름 있는 선배 교사들을 만날 수 있는 곳은 단연 연수장이다. 연수는 가르침이 아니고 '배움'을 강화할 수 있는 효과 만점의 기회이다. 간혹 자수성가한 경우도 있지만 그 결과는 자칫 외곬으로 나타나기도 한다. 교사는 수많은 학생이 거쳐 가는 정거장이므로 자신의 의식 하나로 그 학생의 의식 전체를 지배하게 해서는 안 된다.

아울러 목표 달성을 위한 과정에서 생각해야 할 점은 목표를 머리로만 세우지 말아야 한다는 점이다. 목표는 '손, 발'로 세워야만 온전히 달성할 수 있다. 마음? 마음도 물론 중요하다. 그렇지만 마음을 단단히 먹어야 도달할 목표라면 힘들지 않겠는가. '손과 발'은 물리적 고통일 뿐이다. 목표까지의 거리는 길다. 그 긴 여정이 정신적으로 고통스럽다면, 일상의 고단한 현실에서 목표 달성을 위한 '나만의 행복한 시간'을 빼 두는 것이 과연 가능할까? '발'이 있어 무심코 한 발 나아가는 것이 힘들지 않듯, '손'이 있어 꼼지락거리는 것이 부담 없듯 자신이 정해 둔 '그것'을 하루에 하나라도 할 수 있는 것부터 시작을 해야 한다. 목표가 '완주'가 아니라면 말이다.

입체적으로
디자인하라

사람은 무엇이 되느냐 하는 것보다 어떤 길을 걸어왔느냐가 중요하다. 처음 교단에 서서 학생을 대했던 그 순간과 5년, 10년, 혹은 20, 30년이 흐른 지금과 비교해 보자. 다름이 없다면 큰일이요, 다름이 있다면 역시 큰일이다. 아니 반대로 다름이 없다면 좋은 일이요, 다름이 있다면 바람직한 일이다. 달라야 할 것이 무엇이냐에 따라, 다르지 않아야 할 것이 무엇이냐에 따라 그 평가가 달라진다. 무작정 첫 마음이 지금까지 이어 오고 있다고 예쁨 받을 바도 아니다. 세상이 변하고, 학생들의 의식이 변하는데 한사코 자신은 그대로라면 이는 답답할 노릇 아닌가. 어느 날 문득 학생이, "선생님, 예전과 많이 달라지셨어요." 하는 말이 자신에 대해 긍정적으로 말하는 것인지 부정적으로 말하는 것인지 얼른 감이 와야 한다. 면전에서 하는 말이니 그 학생의 시선으로 보아 응당 긍정적인 의미겠지만 그것이 '닳아짐'에서 오는, 혹은 '눈속

임'으로 비춰진 결과여서는 안 된다. 선생 노릇을 하는 동안 숱한 과정을 겪을 것이니 저절로 해답을 얻기 편하고, 반복에 반복을 거듭하는 일상이니 짐작하는 범위에서 벗어나는 경우도 그리 많지 않으리라. 그러니 대응하는 방법도 제 손의 손금 보듯 여유가 흐르고 때로는 너그러움으로 보일 것 아닌가. 흔히 '결과보다는 과정'이라고 한다. 최선을 다했으니 어떤 결과를 얻더라도 순응하자는 당부이다. 선생은 한 학생의 일생에서 잠시, 참으로 어느 일순간에 지나지 않는 극히 짧은 시간 동안에만 관계를 맺을 뿐이다. 선생으로 살아가는 긴 여정에 학생이 잠시 머물다 가는 것인지, 아니면 학생 한 개개인이 아닌 교육의 변화 과정에 교사 자신이 몸소 주체가 되어 함께하고 있는지 생각해 볼 일이다. 42.195킬로미터의 마라톤에 비유하자면 교사는 관중도 아니지만 그렇다고 선수도 아니다. 선생은 5킬로미터마다 서 있는 푯말일 수도 있고 중간중간의 음료수일 수도 있다.

과정은 나름 굴곡이 있다. 일정 지점마다 넘어야 할 것이 있고 채워야 할 것이 있다. 그러한 굴곡의 과정을 전혀 의식하지 않는 삶이라면 무미건조할 것이다. 한마디로 답답할 일이다. 30, 40년 교직 생활에 반드시 뛰어넘어야 할 의식이 명쾌하면 좋겠다. 스스로 '난 지금 어디까지 왔다.'고 발견하게끔 말이다. 초임 때, '선생은 ○○이다.', 10년쯤 되는 해 '선생은 ○○이다.', 20년에는 '선생은 ○○이다.'라고 어떤 분명한 기준이 있어 그것을 통해 깨달음을 얻을 수 있다면 좋겠다는 생각을 해 본다. 선생이라는 길에 접어들어 20, 30년을 달려오면서 '성장통'을 통해 얻은 교육에 대한 '철학'이 굳건히 자리하지 않는다면 과거의 그 길은 무심코 지나친 기찻길의 레일과 같지 않을까? 중간중간에 쉬어 가고픈 명승지는 아니더라도 쉬어 가는 기차역은 되어야 하지 않겠는가.

변해야 한다. '과정'을 강조하는 것은 변화를 중시하기 때문이다. '첫 마음'이 맑고 깨끗했다 하여 버리지 못할 수도 있다. 하지만 시대의 흐름을 감안한다면 그 마음의 속살은 그대로 둔다고 하여도 그 마음을 들춰내는 방식이나 시기, 그리고 강도는 변해야 한다. '가르치면서 배운다.'는 말이 있다. 인습과 전통을 구분하는 기준이 있다. '창조적 파괴'라는 말도 있다. 이 말들에서 공통적으로 찾을 수 있는 것은 '그대로여서는 안 된다.'이다. 자신을 통해 학생이 변하기를 바란다면 자신 역시 학생을 통해 변해야 한다.

'교수·학습 과정안'이라고 하는 것도 교수·학습에 '과정'을 중시해야 한다는 요구가 반영되어 있는 것이다. 사람과 관계를 맺을 때에 있어서 초면에 행할 언행이 있고, 친분이 쌓이면서 허물게 되는 벽이 있고, 정분이 두터워도 지켜야 할 도리가 있기 마련이다. 수업을 통해 존재감을 드러내는 교사 역시 학년초와 학년말, 수업 시작과 수업 중의 변화는 물론, 같은 시를 가르치더라도 1단원과 3단원의 시를 다루는 방식이 달라야 한다.

교육사의 변화를 '교육과정'의 변화로 일컫듯이 교육을 둘러싸고 있는 모든 논의가 과정 안에 포함될 수밖에 없다. '누가, 언제, 어디서, 무엇을, 어떻게, 왜'라는 질문의 답은 하나같이 '수업' 안에서 설명될 수 있다. 이때 수업이 1회로 끝나지 않고, 한 학기, 1년, 200여 일의 수업 일수 동안 반복에 반복을 거듭하면서도 이어져 오는 것은 과정 안에 변화가 내재되어 있기 때문 아닌가. 교육과정을 재구성하는 것에서 출발하여 배움 중심의 교수·학습 전략을 짜고, 이를 바탕으로 활동 중심의 수업, 목표 중심의 수행 과정 평가를 실시하는 것도 수업이 한 시간으로 끝나지 않고 유기적 흐름에 놓여 있는 과정의 일부라고 인식하기 때문이다.

교육의 철학적 논의에서 과정을 강조하는 것은 '반성적 사고'가 자리하기 때문이기도 하다. 과정은 물리적으로 쪼개어 살필 수 있다는 장점이 있다. 수업은 줄기차게 직선으로 나아가지 않고 에둘러 가기도 하지만 이것은 멀리 가기 위한 지혜가 묻어 있는 인식이다. 하지만 더 바람직한 것은 나선형 구조이다. 두 발 나아가서는 한 발 물러서고 그리고 다시 두 발 나아가는 방식 말이다. 멈춰 서서 보는 것, 물러서서 보는 것은 변화를 주기 위함이고 더 깊어지기 위함이다.

과정은 '단계'가 반드시 지켜져야 한다. 단순히 순서라 할 수도 있지만, 이는 평면적 인식에 그칠 수 있기 때문에 입체적 관점에서 접근해야 한다. 단계는 꼼꼼한 의식이 자리해야만 가능하다. '앞뒤'만의 살핌이 아닌, 그렇다고 '위, 아래'만이 아닌, 좌우, 어제와 오늘, 그리고 내일, 얕음과 깊음, 수준 차, 성취 능력 등을 두

루 반영하여 수업을 전개해야 한다. 이는 치밀한 계획이 반영되어야 가능할 것이다. 이러한 과정이 버겁다 하여 무시하기 시작하면 학생 중심 수업은 어려워진다. 자신의 편리성이 우선으로 작용하기 때문에 다양한 경우의 수를 소홀히 하게 되고, 살핌의 눈높이를 낮추고, 각도를 좁히게 된다.

역동적으로
디자인하라

교육은 언제나 교육자와 피교육자 간의 상호 작용으로 이루어진다. 이때 상호 작용의 저울은 학생 쪽으로 기울어져야 한다. 학생들의 자기 주도를 위해 가장 중요한 것은 '기다림'이다. 학생들이 목표에 빨리 도달하기를 바라지 말고, 스스로 할 수 있도록 배려하는 일에 중점을 두어야 한다. 오늘, 지금 이 순간에 잘하는 것이 중요한 것이 아니라, 내일, 미래에 더 잘하는 것이 중요하지 않는가. 그러기 위해서는 격려와 칭찬만이 답이다. 학생들을 지켜봐 주고, 교육 환경을 제대로 갖추어 주고, 분위기를 따뜻하게 만들어 주고, 유의미한 짝을 맺어 주고, 어떤 문제에 대해 적재적소에 알맞은 실마리를 제공해 주고, 학습 내용을 심화할 수 있도록 반문도 해 주고, 사이사이에 평가도 해 주고, 다시금 되돌아가 반복하게 해 주는 등의 속 깊은 배려심을 지니는 것이야말로 좋은 교사상의 으뜸이다.

교육 공동체 간 갈등의 출발이 교사와 학생 사이의 관계에서 기인한다면 그 갈등을 해소하기 위해서는 교사와 학생 사이의 관계 개선이 선행되어야 한다. 교과면에서는 성취 수준이 맞지 않아 배움이 일어나지 못하고, 생활면에서는 학교 안에서 감당해야 하는 학습의 양적 팽창으로 인한 부담 때문에 긍정적 적응이 일어나지 못하고 있다. 이런 학생들은 교사가 학습 목표를 설정할 때 교사의 관심 밖에 있고, 소통 능력이 결여되어 친구 사이에서 소외감을 느낀다. 이런 학생들처럼 대체로 집단의 변두리에 서면 집단에서 떨어져 나가기 쉽고 유혹의 손길이 닿기에 용이하다. 하지만 어떤 형태로든 이들을 집단의 가운데쯤에 놓이게 한다면 사방에서 도움을 받을 수 있어 집단에서 이탈할 여지가 줄어든다. 그렇기 때문에 교사의 눈길은 변두리에 있는 학생을 살펴 원심력에 의해서 튕겨 나가는 학생이 발생하지 않도록 응집력을 발휘하는 것이 중요하다. 교사는 악화가 양화를 구축하지 못하도록 하기 보다는 음지가 양지가 되도록 하는 데 더 신경을 곤두세워야 한다.

'교육'의 본질은 '가르침, 교수·학습'이라는 개념에 더하여 '변화'를 전제로 기능한다. 하지만 이때의 변화는 개인적 차원의 발달에 치중하기보다는 인성 교육을 전제로 한 사회성, 즉 구성원 간의 상호 작용성을 높이는 일에 집중적으로 작용해야 한다. 교육이란 인간을 가치 있는 행동 양식으로 인도하기 위하여 인간 행동의 변화를 계획적으로 추구하는 일이기 때문이다. 그러므로 학습 요소를 개념적으로 이해하게 하는 데 그친다거나, 다양한 교수 행위를 통해 지식을 습득하게 하는 차원에 머무르지 말고 앎이 작용하는 실제에서 소통하고 공감하도록 하는 활동에 치중해야 한다. 모든 개인은 사회와 동떨어져 살아갈 수 없고 공동체의 일원으로 살아가야 한다. 교육은 이렇게 사회화하는 과정의 연속이기 때문에 학습자의 주체적 의식과 자율성을 바탕으로 이루어져야 한다.

경험할 수 있도록
디자인하라

흔히 '활동 중심 수업'이나 '토의·토론 중심 수업', '모둠 수업' 등의 다양한 학습법은 하나같이 활동에 역점을 두고 있다. 아는 것으로 그치는 교육이라면 굳이 교육과정 안에서 다루지 않아도 달성할 수 있다. 요즘처럼, 특히 인터넷이 발달한 시대에는 정규 학교를 통하지 않고도 얼마든지 학습 목표에 도달할 수 있다. 그럼에도 불구하고 학교라는 구조에 몸을 담는 것은, 교육은 태생적으로 '혼자'가 아닌 '함께'함으로써 유의미한 결과를 낳을 수 있기 때문이다. 이처럼 '자신과 함께하는 상대'를 한 묶음으로 인식하여 행동하는 것은 인간을 사회적 존재로서 인식하고 그 가치를 중시해야 한다는 판단 때문이다.

교육이 이루어지는 공간과 관련해서 교사는 교육의 공간을 넓혀야 한다. 단순히 물리적인 공간을 의미하는 것이 아니다. 각양각색의 정보를 직간접으로 활용하는 인터넷 공간을 교육의 장으로 적극 활용해야 한다는 말이다. 그런데 작금의 현실은 교사가 이에 발을 맞추지 못하고 있다. 일명 스마트 교육의 부정적 측면을 모르는 바는 아니지만, 수업의 효율성을 높일 수 있는 측면이 있기 때문에 인터넷 공간의 활용을 적극적으로 검토해야 한다. 다양한 학습 자료의 제공에서부터 본시 교수·학습 자료의 제시, 수행 평가를 위한 절차적 과정의 상시 안내, 포트폴리오 작성 등 그 활용 범위는 매우 광범위하다. 일회성으로 끝나는 수업의 앞뒤에 예습과 복습을 위해 인터넷을 활용하면 실시간으로, 물리적 제약을 받지 않고 학생들의 학습을 확인하고 또 독려할 수 있다. 교사 또한 교실에서만 수업을 진행한다는 생각에서 벗어나 인터넷을 통한 수업의 실제까지 가능하다는 생각을 갖고 접근할 필요가 있다. 미리 동영상을 제공하여 학생들이 관련 배경지식을 지니게 한다거나, 단답형 형성 평가 문항이 아닌 서술형 문항을 주고 이에 대한 학생 자신들의 생각을 기록하게 할 수도 있다. 물리적으로 한정된 시간과 공간에서 이루어지던 학습을 시간과 공간의 제약을 받지 않고 할 수 있기 때문에 모든 학생이 1:1의 학습을 한다는 인식을 갖게 하기 충분하다.

학생들은 그들의 삶에서 경험을 쌓으며 성장한다. 그래서 교육과정은 삶에 기반한 앎과 연관되어야 한다. 배운 바를 쉽게 잊는 것은 배움과 생활이 동떨어져 있기 때문이다. 문서로서의 교육과정이 미래에 대한 담론이라 할지라도 현재 안에서 다루어져야 한다. 교육에서 유의미한 경험을 하게 하는 것은 가르침의 기본

이다. 삶이 곧 경험의 연속이고 경험을 통해 지혜가 쌓이는 것 아
닌가. 그렇다고 자연, 이공계에 국한된 어떤 물리적 활동만을 강
조하는 것은 아니다. 인문학적 사고를 더 심화하기 위한 토의, 토
론 역시 앎을 삶과 연관 짓게 하는 든든한 밑거름이다. 적절한 사
례, 학생들의 사고를 확장하게 하는 다양한 소재, 실생활에서 동
원할 수 있는 비유 등을 활용할 수 있도록 평상시에 학습 자료를
정리하는 일이야말로 교사로서의 사명을 지닌 실천적 교사상이
표본일 것이다.

4부 ✳

공감하고
나누며
성장합니다

수업을 하다 보면 유독 눈에 들어오는 학생이 있다. 집중하며 듣는 것은 두말할 나위 없고 연신 고개를 끄덕이거나 쉼 없이 대답을 해 준다. 그 학생에게 어떤 지식을 전달한다기보다 오히려 그 학생으로부터 어떤 기운을 받는 느낌이 든다. 무언가를 부탁하는 느낌, 부탁받은 그 무엇을 반드시 전해야 하는 느낌이 교차한다.

공감한다는 것은 '부탁할'과 '부탁받을'을 동시에 가지고 있다. '부탁하다'는 '어떤 일을 해 달라고 당부하거나 맡기다.'라는 의미이다. 한발 나아가 '사정하다'는 '자신의 형편이나 까닭을 남에게 말하고 어떤 일을 부탁하다.'라는 의미이다. 간절함이 묻어난다. 그런데 요즘은 부탁하는 것이 부담되는 세상이다. 학교 내 선후배 간에도 그렇다. 부탁하기 전에 알고 나서서 도움을 주고받을 정도면 문제가 되지 않으나, 부탁을 해야 하는 상황이 놓이면 눈치가 보이기 일쑤이다.

부탁한다는 것은 내가 할 일을 남에게 전가하는 것이 아닌, 함께해야 할 일을 혹은 기획한 일을 더불어 하자고, '공감'하자고 하는 것이다. '내 일'이 '네 일'과 관계 맺어 있는 일이고,

'네 일'이 '내 일'처럼 느껴져 공감과 나눔, 배려가 있을 때 진정 성장하는 교사가 된다. 서로가 서로에게 부탁하는 교사가 많은 학교는 더울 때는 서로 그늘이 되어 주고 추울 때는 구들장이 되어 함께 성장에 성장을 거듭한다.

부탁할 일을 하자. 혼자 할 일은 성과 지향적 집단에서나 필요하다. 그런 만큼 남의 부탁 역시 얼른 들어주자. 그리고 자신이 하는 그 일의 질을 높여 함께하자고 '부탁'하자.

교사란
이바지하는 사람이다

이바지는 '혼인한 신부가 시댁에 갈 때 음식을 장만해 가는 것'에서 유래되었다고 한다. 우선 시댁 식구들에게 잘 보이려는 의도가 크지만 다른 한편으로는 시집가서 새색시가 밥을 짓고 반찬을 해야 하는 수고로움을 덜어 주기 위해 친정어머니가 딸을 생각해서 준비해 주는 것이다. 어쨌든 주는 자나 받는 자 모두 기쁠 일이다. 그러니 '이바지' 하나라도, 준비에 소홀함이 없게 하려는 것은 인지상정일 것이다.

교사는 학생에게 이바지하고, 동료 교사에게 이바지하고, 나아가 마지막에는 자신에게 이바지한다. 이바지할 내용의 체계적인 변화를 담아내는 교육과정은 시대의 화두를 반영하기 때문에 부단히 변화를 거듭한다. 그러한 만큼 교사는 교육을 둘러싸고 있는 변화 양상을 염두에 두고 학생에게 이바지할 학습 내용과 교수법을 고민해야 한다. 주어진 교육과정에 얽매이거나 범주를 한

정해 사고하는 협소한 교육과정을 버리고 국가 교육과정을 바탕으로 재구성하려는 의지와 안목을 가져야 한다. 하지만 이 정도로 '이바지'를 다했다고 생각하는 것은 오산이다. 이것은 기본적인 의무에 불과하다. 교사라면 누구나 해야 하고, 이를 이행하지 않는다면 교사로서의 자질이 부족한 것이다.

이바지는 학생에 대한 교사의 문제만도 아니다. 교사에 대한 이바지도 매우 중요하다. 동료에게 이바지하는 것이 곧 학생에게 이바지하는 것으로 이어질 것이니 말이다. 그렇기 때문에 교사는 서로 이바지하는 관계가 되어야 한다. 어제가 오늘에 이바지하는 삶, 오늘이 내일에 이바지하는 삶이야말로 알찬 삶이 될 것이다.

이바지하기 위해서는 부끄럽지 않게 이바지할, '나만의 것'이 있어야 한다. 없다면 지금부터라도 부단히 노력하며 만들어야 한다. 내 것이 있어 뒤따르는 자에게 물려줄 것이 있는 삶은 성공한 삶이다. 배울 것이 있으니 따르는 자 있을 것이고, 따르는 자 있으니 전수해 주어야 할 것을 부단히 가꾸는 것에 게을리할 수 없다.

마지막으로는 자신에게도 이바지해야 한다. 학습 내용과 교수법을 반복하되, 단순 반복해서는 안 된다. 작년의 것을 올해 그대로 가져다 쓰는 것은 결코 환영받을 자세는 아니다. 그렇다고 작년의 것을 모두 버리고 새로 만들어 쓰는 것도 옳은 태도는 아니다. 1년 단위로 반복되는 교직 생활이더라도 시행착오를 줄이려는 모습, 기존의 자료에 새로운 예시를 넣는 모습, 학생을 대하는 태도 등도 해를 거듭할수록 나아져야 한다. 이것이 바로 자신에게 이바지하는 일이다.

학생에게 이바지하는 것이나 동료 교사에게 이바지하는 것, 나아가 마지막에는 자신에게 이바지하려는 다짐이야말로 일평생 교사로 사는 동안 잊지 않아야 한다. 교직을 떠나는 순간에 몸과 마음이 가벼울 수 있으려면 가지고 있는 경험을 그 누구에게든 나눠 주어야 가능하다. 그래서 자신이 갈고닦아 놓은 것이 오래오래 귀하게 쓰일 수 있도록 해야 한다. 떠날 때에는 미련을 남기지 않아야 한다고 하지만, 오랜 교직 생활의 끝에 자신의 '흔적' 하나쯤 남기는 것도 의미가 있는 일이다. 자신의 혼을 담은 자료, 교수법, 효율성을 지닌 교수·학습 프로그램 등 심혈을 기울여 작업한 결과가 다음 세대까지 이어진다면 이 또한 이바지 아닌가.

교사의 길은
사이를 다듬는 일이다

인간의 희로애락은 관계가 놓인 '사이'에서 결정된다. '있음'과 '없음'의 사이는 중간항이 없는 '모순 관계'이다. 남자와 여자의 관계나 실명과 가명의 관계 등이 이에 해당된다. 반면에 '반대 관계'는 중간항이 있는 관계를 말한다. '크다와 작다', '진보와 보수', '예쁘다와 밉다' 같은 것들이다. 크지도 않고 작지도 않은 중간 크기가 존재하고, 진보와 보수의 중간 지점에 사고가 존재하고, 예쁘지도 밉지도 않은 보통의 모습도 있다.

조금 다른 유형으로 '상대 관계'가 있다. 대응되는 다른 개념을 통해서 이해되는 단어로, 그 의미가 정반대가 될 때 상대 관계가 된다. '어버이와 자식', '스승과 제자', '남편과 아내'가 그 예이다. 남자라 해서 다 아버지가 되는 것은 아니다. 자식이 존재함으로써 아버지가 된다. 제자 역시 자신을 가르치는 누군가가 있기 때문에 누구의 '제자'라고 말할 수 있다. 결혼하지 않은 독신남이나 독신녀에게 남편 혹은 아내라고 부르지 않는다. 두 남녀가 결혼할 때 비로소 남자는 남편, 여자는 아내가 되는 이치이다.

그렇다면 '좋아하다'와 '좋아하지 않다'는 어떤 관계일까? 좋아하지도 않고 싫어하지도 않는 것은 있어도, 좋아하지 않으면서 좋아하지 않는 것이 아닌 것은 논리적으로 존재할 수가 없다. 좋아하는 것을 부정하면 좋아하지 않는 것이 되기 때문이다. 따라서 '모순 관계'라 할 수 있다.

교사와 학생은 상대 관계이다. 학교라는 울타리 안에서 서로 자연스럽게 받아들이는 관계이다. 그렇기 때문에 대립항의 무게가 대체로 균등하게 자리하는 모순이나 반대 관계와 달리 상대 관계는 다소 유동적이다. 모순이나 반대 관계는 집단행동으로 힘을 발휘할 수 있지만 상대 관계는 다분히 개개인의 문제인 경우가 많다.

상대 관계는 학교 공동체 안에서 다시 세분화된다. 교사는 '교장과 학생' 사이에서, 교장은 '학부모와 교사' 사이에서, 학생은 '부모와 교사' 사이에서 팽팽한 줄다리기를 한다. 다른 측면에서 보면 교사는 '수월성과 평등성' 사이에서, 교장은 '결과와 과정' 사이에서, 학생은 '꿈과 현실' 사이에서 갈등하면서 몸부림친다.

지금 우리 앞에 놓인 교육 환경은 하나같이 '사이'가 좋지 못하다. '꿈'과 '끼'라는 교육 목표와 대학 입시라는 벽 사이의 간극이 너무 크다. 교육 공동체 안에서의 갈등과 반목의 골은 그 거리를 좁히기 쉽지 않은 지경에 이르고 있다. 그 사이에서 온갖 건강

하지 못한 이념적 잣대들이 제멋대로 칼을 휘두르고 있다.

학부모 역시 공교육과 사교육 사이에 두 발을 넣고 허우적대고 있다. 학교 안 역시 교권과 학생의 인권 사이의 간극이 넓어지고 있다. 스승의 은혜보다 경제 논리가 더 강한 호소력을 지닌 지오래이다. 학생 중심, 배움 중심으로 전환하는 것이 교육적으로는 바람직한 현상이지만 이 역시 교사의 얼이 밑바탕에 제대로 깔리지 못한 경우에는 '얼빠진' 노릇으로 전락하기 십상이다.

이러한 문제들은 사이가 좋으면 만사 해결된다. 좋은 사이가 되도록 걸림돌을 제거해 보자. 무엇이 가르침을 방해하는지, 무엇이 배움을 가로막는지 찾아보자. 교사의 마음에 학생과 학부모가 함께 자리하고, 교장의 마음에 교사와 학생의 마음이 동시에 놓이고, 학생의 마음에 부모와 선생님의 마음이 함께 자리한다면 그 사이는 절대 벌어질 리 없다. 이렇듯 좋은 사이로 가는 지름길은 서로가 삼각형의 가운데 지점으로 다가서는 것이다. 서로서로 '가운데'로 향하는 마음이 바로, 사이좋은 관계로 가는 첩경이다.

사다리와
외줄

사다리를 밟고 오를 것인가, 내린 밧줄을 잡고 버틸 것인가. 지금까지 우리는 위에서 내려온 외줄을 두 손으로 힘들게 잡고, 흔들리는 그 외줄을 다리로 궁상맞게 꼬면서 오르느라 얼마나 힘이 들었는지 모른다. 힘들게 오른다고 하여도 버틸 힘이 부족하여 금방 땅으로 내려올 수밖에 없었음을 새삼 발견할 수 있었다. 더구나 곧게, 굳게 지탱하지 못하는 줄은 조그마한 충격에도 금방 흔들리기 쉬워서 내 의지대로 줄을 오르기보다는 그저 잡고 견디는 것만으로도 만족해야 할 때도 있었다.

그러다 사다리를 밟고 한 발 한 발 오르던 날, 흔들리지 않는다는 것, 밟고 오를 굳건한 받침이 있다는 것 때문에 얼마나 편했는지 모른다. 더구나 다리가 고정되니 두 손이 자유로워 사다리를 오를수록 세상이 새삼 다르게 보였던 기억이 새롭다. 그렇지만 나에게 더욱 깨달음을 준 것은, 사다리는 외줄과 달리 '높힘의

각도'를 수직에 가깝게 할 수도 있고 수평에 가깝게 할 수도 있다는 자유로움이다.

자신이 오르고자 하는 높이에 따라 사다리를 적당하게 조절하면 낮은 곳이든, 높은 곳이든, 편하게 오를 수 있다는 것이 사다리와 외줄의 다른 점이라 하겠다. 다른 측면에서 살펴보면, 외줄은 반드시 높은 곳에 묶여야만 그 기능이 발휘되고 어떤 경우에도 그 외줄 이상을 오를 수 없다. 하지만 사다리는 마지막 발판에 발을 디디고 나면 사다리보다 높은 곳까지 오를 수 있어, 그 이후부터는 한없는 자유를 느끼게 해 준다. 사다리 오르기와 줄 타고 버티기, 이 둘의 차이는 바로 '자유의 차이'가 아닌가 싶다.

우리는 지금까지 국가에서 제공한 외줄을 타고 힘겹게 오른 광대였는지도 모른다. 심지어 그 외줄은 조그마한 바람에도 흔들리는 각종 규제와 같았다. 교사로서는 도저히 다가갈 수 없는 교육 관료의 거대한 벽, 편안하게 지탱할 수 없는 교육 정책, 오르기가 어려워 금방 내려오게 되는 안이한 교육 풍토 등 말이다.

그러나 우리 앞에 외줄이 아닌 사다리가 놓인다면 많이 달라진다. 사다리를 놓기 위해서는 우선 사다리를 걸칠 벽이 튼튼해야 한다. 그 벽이 바로 '동료 교사'다. 그리고는 자신의 역량에 맞게 사다리 높이를 조절하여 손의 힘이 아니라 다리의 힘, 아니 사다리 발판의 든든한 힘으로 한 발 한 발 오른다면 우리의 두 손에는 또 다른 것을 잡을 자유가 주어질 것이다.

우리가 할 일, 우리 교육 정책이 지향해야 할 바는 '사다리 정

신'이다. 외줄을 매달아 놓고 힘들게 오르도록 아래에서 채찍질
했던 방식에서 벗어나 튼튼한 사다리를 스스로 만들고 제힘으로
한 발씩 떼는 것 말이다.

나의 멘토는?

멘토는 다른 사람을 돕는 좋은 조언자 또는 상담자, 후원자를 말한다. 이 멘토의 활동이 '멘토링(Mentoring)'이다. 멘토링은 멘토와 멘티 간에 이루어지는데, 멘토는 대체로 세 종류가 있다. 첫 번째는 '본이 되는 사람'이다. 집단 안에서 그대로 따라 하고 싶은 사람을 만난다는 것은 행운이다. 그 사람이 추진하는 일이나 사고방식을 본받거나, 그 사람이 시키는 대로 따라 하다 보면 차츰 성장하고 있다는 생각을 하게 된다. 두 번째는 '조직'이다. 혼자서 오랜 기간 흔들림 없이 정진하기는 쉽지 않다. 연구회나 교사 모임, 동아리 같은 어떤 조직에 들어가 그 안에서 누군가를 끌어 주거나 누군가에게 끌려가면 초심을 유지하는 데 유리하다. 자연스럽게 사고의 깊이가 깊어지고 활동 범위가 넓어지기 때문이다. 멘토에 관해서는 이 두 가지가 기본이다. 그러나 여기서는 이 두 가지보다는 이어지는 '세 번째'가 중요하다.

세 번째는 사고의 확장을 가져오게 하는 '유무형의 현상'이다. 구체적으로 말하면 '농사'이다. 1년을 주기로 반복하는 농사는 씨를 뿌리고 작물을 가꾸고 열매를 거두는 것이 학교의 1년 교육 과정과 많이 닮아 있다. 농사에서 주의 깊게 바라보아야 할 점은 농사의 성패를 결정하는 가장 큰 요인은 씨가 아니라, '토양 관리'라는 점이다. 농부는 씨나 모종을 심기 전에 토양을 기름지게 하기 위해 퇴비를 오래전부터 준비해 둔다. 농사는 날이 풀리는 4월 중순 이후에 종자를 심지만 학교는 3월 초에 새 학기가 시작된다. 시작점이 다른 것 같아 보이지만 농사 역시 3월 초부터 밭을 일구고 거름 단속을 하며 4월 중순까지 40여 일을 준비한다. 그 준비가 곧 1년 농사를 결정한다는 것이다.

그런데 학교는 어떠한가. 1월, 2월을 꼬박 준비해서 3월을 맞이해야 하는데 과연 그러한가? 10년 농사에서 배운 가장 큰 지혜는 '시작하기 전이 시작보다 중하다.'는 것이다. 과연 우리는 미리 1년의 과정을 예견하여 '교육과정을 재구성하고 재료(자료)를 모아 솜씨(내 것)를 발휘하여 볼품(본질) 있게 준비해 두고 있는가?' 묻지 않을 수 없다.

멘토적 삶을 살기 위해서는 '1인 2역'을 해야 한다. 이것은 그 누군가에게 배우는 것보다 더 자존감 서는 일이다. '1인 2역'의 첫 번째 역할은 '내가 나'에게 시키는 것이다. 아무 생각이 없었는데, 누군가 '문제'를 들고 와서 이야기를 꺼내면 성가시다. 내 문제가 아니기 때문에 이야기가 귀에 들어오지 않는다. 자리를 피하고 싶어진다. 그 사람은 과정이 어쩌고저쩌고 설명을 하고 해 볼 만하다고 열변을 토하지만 결과만, 아니 결정된 것만 말하면 좋을 듯 싶을 때가 있다. 마치 '알고는 있을게' 하는 식이다. 내가 나에게 시킨 일이 아니기 때문이다. 자기 자신이 자신에게 시키는 것, 그래서 그것을 해내는 동안에 자신은 멘토이면서 동시에 멘티가 된다.

두 번째 역할은 뜻을 같이하는 동료를 만나는 것이다. 이는 교사로서 최고의 행운이다. 멘토와 멘티가 상호 작용하는 이치이다. 남의 일을 내 일처럼 대하는 동료에게서는 대체로 '내 일'이 '우리'의 일로 확대되고 재생산된다. 해야 하는 것만을 주고받는 자리가 아닌, 하고 싶은 것이 제대로 자리할 수 있도록 힘을 보태고 아이디어를 나누고 그래서 손과 발이 되어 주기 때문이다. 어떤 일을 해도 결코 힘들지 않다. 보고 배우는 과정에서 처음에는 '종속적 주체'일지라도 나중에는 '능동적 주체'가 되어 자기 주도성을 지닌 교사로 자리하게 될 것이다.

뒤에서
미는 리더

　교사로서의 마지막 자리는 이끄는 리더가 아니라 뒤에서 미는 리더이다. 그렇기에 하나의 분명한 답을 가지고 학생들을 인도하기보다는 학생들이 질적으로 발전 가능한 토대를 마련하도록 도와주어야 한다. 신념을 가지되, 자칫 외곬으로 빠지지 않도록 주변과 소통해야 하는 것은 두말할 나위가 없을 것이다. 교사 집단이 강할 필요는 없다. 개개인이 자발적으로 강해지면 저절로 교사 집단은 리더자들이 될 것 아닌가. 어떤 형태로든 학급 내에서는 오로지 1인 아닌가. 혼자서 모든 지혜를 발휘해야 하니 수많은 눈길에도 흔들림 없이 티 내지 않고도 살아갈 수 있어야 한다. 그러기 위해서는 질적으로 강해져야 한다.

　그리고 자신에게는 끝까지 저항해야 한다. 저항은 '어떤 힘이나 조건에 굽히지 아니하고 거역하거나 버티는 것'이다. 저항해야 할 것을 '밖'에 두지 말고 내 '안'에 두자. 아울러 교단을 떠나는 순간까지 홀로 설 힘을 기르자. 알고 있는 수준으로 앎을 포장하지 말고 알아야 할 것으로 앎을 키워 가자. 그런 다음에는 깊은 생각을 담아 수업과 관련한 효율성 높은 방안을 강구하여 남다른 방책을 동료에게 넌지시 건네 보자. '나 홀로'를 자칭하는 것은 모두를 위해 조심해야 한다. '앞섬'이 동료에게 부담으로 작용하지 않도록 배려 깊어야 함을 기억하자.

학생은
좋은 수업을 받을
권리가 있다

한 시간의 수업이 즐거우려면 그에 따른 투자가 있어야 한다. 좋은 재료만으로 좋은 음식이 저절로 만들어지는 것이 아니듯, 좋은 자료를 구해 그 자료로 입맛 돌도록 전문가답게 솜씨를 발휘할 수 있다면 한 시간 수업이 보람차지 않겠는가. 학생은 좋은 재료로 만든 좋은 음식을 먹을 권리가 있으니 교사 역시 요리를 잘해야 하는 것은 당연한 일이다. 솜씨가 부족하다고 고백하며 이해를 구하는 것은 옳지 않다. 그럴 것이라면 당연 식당을 차리지 않아야 할 노릇 아닌가. 맛이 없어도 참고 먹으라고 강요만 할 것인가. 나이에 맞는 교수법, 교과에 맞는 전략, 수준에 맞는 활동이 딱히 정해진 것은 없다면서, 자기 성격에 맞추어 가르치는 대로 학생들이 따라오기를 바라는 것은 '갑질'이다. 내 것을 내 마음대로 가르치는 직업이 교사인 것이 아니라, 학생이 원하는 그것에 대한 배움이 일어나게 하는 것이 교사이기 때문이다.

교사의 하루는 공무를 수행하는 하루이다. 정규 교육과정 안이든 학교 단위에서 합의한 시간 외의 활동이든 학생이 연관된 모든 일은 공적인 업무이다. 그렇기 때문에 '나 중심'보다는 '너 중심'적 사고가 앞서야 한다. 다만 그렇다 해도 '자기 주도적인 교사'로서의 정체성만은 잃지 않아야 한다.

학생을 교실의 주체로 거듭나게 하자

좋은 수업의 최종 목표는 수업 시간을 즐겁게 보내는 것에 있다. 몰입이다. 그 대상은 학생에 국한하지 않고 교사도 포함된다. 성취 수준이 향상되어야 한다는 점이나 내실을 기해야 한다는 점 등은 보통 학생에 한정하기 일쑤이다. 그러나 교사 역시 경력이 쌓일수록 성장해 가고 있음을 자각할 수 있어야 한다. 하지만 이러한 성과를 얻기 위해 교사와 학생이 물리적·심리적으로 '피땀'을 흘려야만 한다면 이는 결코 좋은 수업이 아니다. 교실 수업에 희생이 강요되어서는 안 되기 때문이다. 더구나 교육의 발전이 '교사의 희생'에서 얻어진다면 그것은 결코 오래갈 수 없다. 수업 연구와 일상의 수업은 다른 법이다. 어느 패션쇼에 나오는 의상을 일반인들이 일상에서 그대로 입고 다닐 수 없는 이치와 같은 것이다. 시대의 흐름과 방향을 미리 알아 준비하고 남다른 도전의 계기를 마련하자는 것이다.

학생 중심 수업을 권장하는 것은 교사의 열정이나 교사의 희생에서 얻어지는 성과보다 학생의 적극적인 참여 의지에 따라 성과가 높게 나온다는 점을 전제로 하고 있다. 하지만 문제는 있다. 종래 교사 중심의 수업에서 문제가 되었던 학생의 수동적인 자세, 교사의 지시에 따르기만 하는 태도, 가르치는 것을 암기하거나 습득하는 학습 방법 등 지식 중심의 수업들이 가지고 있었던 이러한 한계를 부수고 학생 중심의 수업을 진행하면 학습 효과가 나아질 것이라 기대했다. 교사의 지식 전달 중심의 수업에서 피해를 본 것은 학생과 교사 두 집단이었다. 그렇다면 학생 중심 수업으로 전환했을 때 학생의 성취 수준이 분명하게 나아졌을까? 답은 '불분명'이다. 어쩌면 교사를 위한 학생 중심 때문은 아닌지 싶다. 일부 아이들은 과거에는 잠이라도 편히 잤다. 하지만 지금은 그럴 기회도 주지 않는다. 성가시게 하고 가만두지 않는다. 무언가 부단히 시킨다. 학생 활동을 강요한다. 잠자는 교실 분위기를 변화시키고자 실시한 학생 중심의 수업이 결국 교사를 위한 변화는 아니었는지 하는 의심이 든다.

　'학생 중심'은 '교사 중심'의 다른 말이다. 그러니 학생을 교실 수업의 주체로 거듭나게 해야 한다. 소극적이고 피동적인 태도를 바꿔 적극적이고 능동적이기를 바라는 마음을 가져야 한다. 그럼에도 여전히 효과를 보는 집단과 효과를 보지 못하는 집단은 존재한다. 과목에 따라, 집단의 성취 수준에 따라, 바라는 목표에 따라 교수 전략을 달리해야 한다. 목표 도달에 '매'가 한몫을 했던 그때처럼 '매'를 대신할 수 있는 무엇이 있어야 한다. 학생 활동 중심 수업이 과연 그 몫을 하는지 아직은 모호하다. '거꾸로, 하브루타, 배움 중심' 등이 하나같이 우리 학생들을 성가시게 하는 것은 아닌지 고민해 보아야 한다. 문제의 원인은 교실이나 교수 행위에 있는 것이 아니라 대한민국의 구조적 모순 탓이 크니 말이다.

소통에서
공감으로

교사는 학습 내용을 가지고 학생들과의 소통을 이끈다. 그 내용물이 어떤 상황에 있느냐에 따라, 어떤 그릇에 담아 전달하느냐에 따라 받는 학생의 호감 여부는 달라진다.

수업은 교사와 학생과의 대화이다. 알아듣도록 하려는 교사의 몸부림과 알아들으려 애쓰는 학생이 만날 때 소통은 완성된다. 소통의 기본은 경청이다. 우리 아이들이 수업을 잘 들어 주기를 바라는 마음은 교사들의 한결같은 바람이다. 관리자나 동료 교사, 후배의 말을 우선 따뜻한 마음으로 들어 주어야 하는 이치도 이와 같다. 잘 듣는 것만으로도 우리의 인간관계는 충분히 성공적이게 된다.

공감적 경청은 귀로 듣는 것뿐만 아니라, 눈과 가슴으로도 함께 듣는 것을 말한다. 공감적 경청은 상대방에게 '심리적 공기'를 주는 것이다. 심리적 공기란 타인으로부터 이해받고 인정받는 심리적 만족을 의미한다. 공기가 있을 때 우리가 숨을 쉬며 어떤 일을 할 수 있듯이, 상대방의 심리적인 욕구가 충족될 때 우리는 상대방에게 영향을 미칠 수가 있다.

좋은 학교, 즐거운 수업, 행복한 관계는 모두 공감적 듣기에서 비롯된다. 학생들이 교사의 말을 '공감'하면 수업은 그야말로 행복 그 자체가 된다. 지친 마음에 채찍을 가하지 않고 슬며시 다독이는 마음, 걷는 중에 만나는 사람이 인사를 할 때 그에게 건네는 미소, 모두 공감적 행동이다.

관계하고 있는
모든 것이 배움터

　'관계'의 문제는 대체로 사람 사이의 문제이지만 더 큰 문제는 '교사와 교재' 사이의 문제이다. 수업의 3요소는 '교사', '학생', 그리고 그 사이를 잇는 '교재'이다. 이 셋에 의해 교육은 이루어지며, 셋의 유기적인 관계 정도가 곧 교육력이다. 그런데 날이 갈수록 학교는 교사와 학생 둘 사이의 갈등 관계에서 허덕이고 있다. 둘 사이를 이어 주는 '교수·학습 과정안'을 온전히 갖추고 수업에 임하기가 쉽지 않다.

　교사는 다른 어떤 직종보다도 더 '다람쥐 쳇바퀴 돌리는 것'과 같은 삶을 산다. 변화를 크게 실감하는 시기는 3월뿐이다. 그 외에는 학기와 학기 사이에 방학이 놓이고, 중간·기말고사를 치르고, 간혹 특별 활동이나 교외 활동을 하는 것 빼고는 학교라는 닫힌 공간에서의 반복일 뿐이다. 365일 늘 동일한 대상인 '그 학생'을 만나고, 학생 역시 오늘도 내일도 '그 선생님'과 만난다. 재미난 것도 날마다 보고 들으면 식상할 수밖에 없다. 가르치는 교과목이 다르고 그에 따라 내용이 달라진다고 해도 공부라는 이름으로 포장된 의무의 연속일 뿐이다. 이러하니, 행복을 '물리적 환경'이나 '학교 시스템' 속에서 찾는 것은 포기해야 한다. 교사는 가르치는 사람이 아니라 배우는 전문가라고 한다. 배우는 입장에서 수업을 준비하지 못하고, 학생의 관점에서 수업을 디자인하지 못하면 명령과 복종만이 남을 뿐이다. 준비해 둔 음식을 냉장고에서 꺼내 식탁에 잘 차리는 것만으로는 좋은 수업이 될 수 없다. 손수 재료를 준비하고 손맛을 넣어 음식을 만들었을 때 비로소 정성스러운 식탁이 꾸려지는 것이다.

매일매일 반복되는 일상에서 어제 같은 오늘이 싫다고 해도 그 속에서 답을 구하는 것은 결국 자신이다. 본받고 싶은 것을 내 것으로 만드는 것도 자신이다. 동료들을 본받아 보자. 5년, 10년, 20년, 30년을 앞서가고 있는 동료는 살아 있는 배움터이다. 다들 자신의 잣대로 재단할 바이지만 제각각 배울 바 있으니 긍정하고 도움을 청하자. 동료는 수업의 3요소 중에 있는 또 하나의 '교재'이니 말이다.

5부

가르치면서도
배웁니다

지금까지 한 번도 텃밭을 가꿔 보지 않은 사람의 첫 질문은 무엇일까? 대체로 '언제 씨 뿌려요?'일 것이다. 하지만 농부는 다르다. '언제쯤 밭에 거름을 낼까?' 하고 자문한다. 그리고 그것을 결정하기 전에 일기를 살피고, 밭 단속부터 한다. 땅에 퇴비를 뿌리고 땅을 갈아엎는다. 그것도 씨뿌리기 한 달 전쯤부터 시작한다. 미리 밭에 적당히 약도 치고, 비닐도 씌우고, 겨울 동안 자란 풀도 뽑는다. 교사의 입장에서 봤을 때 '배운다'는 것은 '텃밭 가꾸는 일'과 같다. 그러니 텃밭에 상추부터 심어 보자. 그런 다음 고추도 심어 보고, 들깨도, 토마토도 심어 보자. 채소에 따라 어떤 변화를 주어야 하는지 경험해 보자. 생산하는 데에 그치지 말고 가공도 해 보고, 유통 가능성도 탐색해 보자. 힘겨움이 어느 정도인지, 과연 실속이 있는지, 어떤 자세로 임해야 하는지도 느껴 보자. 텃밭은 가꾸는 것처럼 배움을 대해 보고, 어떤 자세로 배워야 할지 고민해 보자.

'아파트'라는 국가 단위 교육과정에서 재구성이라는 '단독 주택'으로 옮겨 사는 것은 생각보다 불편하다. 누리며 살던 편리함이 도시에 있기 때문이다. 특히 아파트 생활을 하며 집 밖의 환경에 무신경했던 삶에서 벗어나 신경을 써야 하는 환경에서 살아야 하기 때문이다. 자신만의 공간, 나에게만 주어진 시간들이 작아지고 경계가 모호해지면서 나눔이니 배려니 하는 공동체성이 강조된다. 나만을 위한 삶에서 너와 함께하는 삶으로의 변화인 것이다. 교사의 배움이 '나'를 위한 '나만의' 것이 아니라는 의미이다.

배움은 머리나 가슴으로 하는 것이 아니라 손발로 하는 것이다. 눈으로 보기만 하는 것이 아니라 몸으로 경험하는 것이다. '나' 혼자 하는 것이 아니라 '우리'가 함께하는 것이다. 언젠가 '배움에서 벗어나자.'는 생각이 들 때 비로소 새로운 배움이 전개될 것이다.

욕심과 역심

교사는 욕심이 있어야 한다. 이때의 욕심은 '키움'이다. '보살 피고 돌보아 기르다.'이다. 교사는 또한 '채움'이 있어야 한다. 교 사는 자료로 자신을 가득 채워야 하고, 아이들을 대하는 넉넉한 마음으로도 한가득 채워야 한다. 채움이 있는 키움이어야 하고, 키우기 위한 채움이어야 한다. 채우지 않고 키우는 것은 위험하 다. 빈 수레가 요란한 이치와 같기 때문이다. 그렇다고 채우기만 하면 안 된다. 성장할 수 없기 때문이다. 내가 잠그면 열쇠이지만 남이 잠그면 수갑이 되는 이치이다.

채우는 것의 으뜸은 '배움'이고, 키우는 것의 으뜸은 '진정성' 이다. 채우고 키우기 위해서는 경제적인 도움도 필요하고, 제도 의 뒷받침도 있어야 한다. 스스로 성장하도록 기다릴 줄도 알아 야 한다. 욕심이 문제인 것이 아니라, 욕심의 질이 문제이다. 지 식을 채우기보다 방향을 제대로 잡는 것, 아이들을 잘 키우기보다 자신의 정체성을 확고히 하는 것이 더 중요하다.

한 세대를 살아가는 교사는 삶의 경력에 따라 욕심의 질이 달라야 한다. 물론 직위에 따라 지향점이 다를 수는 있다. 교직 1년 차는 물리적·정신적 공간을 넓히려는 욕심이 있어야 한다. 선배 교사가 무엇인가를 줄 때 그것을 받을 수 있는 자세, 담을 수 있는 그릇, 귀함을 읽어 낼 수 있는 능력이 없다면 어찌 동료성이 발휘되겠는가. 얼마 후 '너나 나나 같은 교사'일 뿐이라는 생각을 할 것 같은 사람과 누가 배움을 같이 하겠는가. 시작 단계에서의 욕심은 가리지 않고 받아 내는 것이다. 편의성을 좇아서는 안 된다. 일을 취사선택하는 능력이 부족할 때이니 응당 가장 힘든 시기이다. 이때는 손과 발을 쉴 새 없이 놀려 기능을 숙달해 놓아야 한다.

교직 3~5년 차쯤에는 '배움'에 대해 욕심을 가져야 한다. 가장 불행한 경우는 배울 것이 없다고 자만하여 더 이상 크지 않게 되는 것이다. 이제 1/10쯤 나아갔는데 벌써 다 아는 양 홀로 떨어져 나가면 큰일이다. 후배는 물론이고 선배 교사가 눈에 들어오지 않으면 더더욱 큰일이다. 배움에 굶주려 있어야 할 때이다. 전문 서적이나 인터넷 자료로만 공부해서는 안 된다. 머리로, 가슴으로 공부하는 것도 부족하다. 제대로 배우려면 '발'로 뛰며 찾아가야 한다. 자격 연수는 물론이거니와 자율 연수에도 적극적으로 참여해야 한다. 강의 시간에 배우는 것보다, 그 분야의 전문가와 관계를 맺는 일이 무엇보다 중요하다.

10년이 지나 어느덧 교육의 '맛'을 알 때쯤이면 배움에 대한 욕심은 양의 문제가 아니라 질의 문제로 접근해야 한다. 만들어진 길을 가기보다 새로운 길을 찾는 일에 도전해야 한다. 지나온 10년을 과감히 버리고 빈 마음으로 새롭게 하나하나 채워 가야 한다. '채움의 시기'인 셈이다. 지금껏 양적 확장을 추구하며 비판 없이 채웠던 다양한 사례를 버리고 내 이름으로 된 자료로 바꿔 놓아야 한다. 문제의식을 발휘하여 공부의 맛을 느껴야 한다. 그러면 마침내 이론을 뛰어넘어 삶의 문제를 수업과 연관 지을 수 있는 교사로서의 혜안이 생길 것이다.

20년이 지나면 욕심을 다듬어 발휘해야 한다. 능력과 욕망이 시소게임하듯 할 것이니 균형을 잃지 않아야 한다. 능력은 부족한데 욕망이 크면 불행해진다. 반면에 능력은 넘치는데 욕망이 작다면 행복하게 살 수 있다. 이 시기는 아마 50대 언저리일 것이다. 채움과 키움이 하나가 되어 유의미한 그 무엇 하나를 남길 때이다. 이때쯤이면 더 이상 배움에 얽매이지 않고 자기 주도적 교사로 우뚝 서 있는 자신을 발견할 수 있을 것이다.

30년을 지나 정년을 향하는 때이면 욕망을 다스릴 줄 알아야 한다. 교육자로서의 열정을 발휘하기보다 자신을 다스리는 일에 더 투자를 해야 할 시기이다. 아이들을 다스리기 쉽지 않을 뿐더러, 보상받고 싶은 심리가 발동하여 채움이나 키움 어느 쪽에도 욕심을 부리기 쉽지 않다. 하지만 한 가지 욕심은 가져야 한다. 옳은 길을 새롭게 열지는 못하더라도, 옳게 가는 후배들을 격려

하고 보살펴 이끌어야 한다. 교육이 지향하는 방향을 정확히 감잡고 경험을 되살려 훈김을 주변에 더해 주어야 한다. 한마디로 존경받는 선배 교사로 자리해야 한다.

'욕심'은 없어도 안 되고, 지나쳐서도 안 된다. 때를 알아 채울 것은 반드시 채우고 키울 것은 확실하게 키운다면 언제 어디서든 값진 삶을 누릴 수 있다. 지금은 새로운 교육과정의 속살을 파고드는 욕심 혹은 역심이 필요한 때이다.

배움의 8할은
연수

수업에서 '앎'이라는 것이 학생 앞에 놓일 때, 그 '앎'이 '삶'과 유리되어 있다면 그 수업은 실패한 수업이다. 즉 '앎'이 학생의 실제적인 '삶'과 결합되어, 교사의 의미 있는 활동으로 용해될 때에만 수업은 성공한다는 것이다. 그런 측면에서 교사의 연수는 아이들의 삶 속으로 더 깊게 들어갈 수 있는 눈을 뜨게 하는 것이라고 할 수 있다.

교직 생활에서 제대로 가르치고 싶은 마음을 먹었을 때는 교직 10년쯤 되어서였다. 그 전의 시간은 지식이라는 것을 '그릇'에 담기 바쁜 시기였다. 그러던 어느 날, 그 그릇에 담겨 있는 수많은 지식이 충돌을 일으키고, 서로 엉키면서 갈피를 잡을 수 없게 되었다. 내가 알고 있는 것이 무엇이고, 또 모르고 있는 것이 무엇인지 혼란스러웠다. 이 고민에 빠져 있던 나를 구해 준 것이 바로 '자율 연수'였다. 그것은 나를 '지식의 굴레'에서 벗어나도록 했고, 아이들을 '사랑의 눈'으로 볼 수 있게 했다. 그 자리에 모인 수많은 선생님들의 진지한 자세, 그것이 곧 가르침이었다. 강사가 하는 이야기보다, 새로운 이론을 배우는 것보다 더 중요한 것이 바로 그 자리에 모인 수많은 선생님들이 쏟아 내는 말들과 취하는 몸짓이었다. 굳이 따로 노력하지 않아도, 그 자리에 있었다는 것만으로 많은 것을 얻을 수 있었다.

그 뒤부터 1년에 10여 차례나 연수를 찾아다녔다. 자율 연수는 주로 방학 동안에 다녔고, 이러저러한 자리에 마련된 몇 시간의 발표회도 다녔다. 한 달에 한 번의 주말은 어딘가에 가서 배우는 시간으로 아예 비워 두었다. 그것이 이제는 교사로 살아가는 1년 중에 가장 보람 있는 시간이 되었다. 그러면서 교사가 투자해야 할 것의 첫 번째가 연수라고 확신하게 된 것이다.

교사의 유효 기간을
연장하는 방법

'무엇을 준비하느냐.' 하는 것은 당장에 내가 '무엇을 알고 있느냐.' 하는 것보다 더 중요하다. 그래서 그 준비를 위해 여름과 겨울, 두 번의 방학 동안에 1주일 이상 어딘가로 연수를 반드시 떠나야 한다. 강의 자체도 중요하지만, 강의 이외의 시간도 중요하다. 가르치러 또는 배우러 가는 길 위에서 많은 것을 얻는다. 또 여러 교사들과 다양한 의견을 나누다 보면 한 학기의 먹거리가 채워진다. 혼자 방구석에서는 도저히 생각나지 않는 것들도 동료 교사와 만나면 너무나 자연스럽게 떠올라 속으로 흥분할 때도 있다.

강의가 끝나고 강의실을 맴도는 이러저러한 이야기를 들어 보면 지극히 평범하기 그지없는 것이라 핀잔을 하여도 그 속에 '나'를 집어넣으면 모두 다 쓸 만한, '통념을 깨는 가치'가 들어 있음을 발견하게 된다. 그 자리에 함께한 분들의 진지한 자세를 보면, '아, 혼자가 아니구나!' 하는 안도감, 그것이 가장 가슴에 남을 것이다.

 연수를 그 어떤 것에 우선하여 시간을 할애하는 이유는 '교사로서 살아가는 유효 기간, 그 유효 기간을 연장하고 싶습니다.'라는 나만의 소박한 욕심 때문이기도 하다. 교사로 살면서 최소 3년 단위로 자신이 갖고 있는, 저장하고 있는 지식의 창고를 온통 비우는 시간을 가져야 한다. 그리고 지식의 창고를 새롭게 채우기 위한 설계도를 마련해야 하는데 이는 연수를 통해 가능하다. 과감하게 버리고 새로운 것을 넣겠다는 마음을 가질수록 연수가 저 멀리서 어서 오라고 손짓하고 있음을 느끼게 될 것이다.

 '개는 사람이 가리키는 손가락 끝을 보지만, 사람은 손가락이 가리키는 방향을 볼 줄 알아야 한다.'고 한다. 우리가 연수를 받는 이유는 바로 방향을 잡기 위함이다. 교사는 학생들에게 의미 있는 학습 경험을 제공하기 위한 방향으로 움직이고 있는가 하는 물음에 자신 있는 답이 나오도록 노력해야 한다. 교사의 가르침은 언제나 그 자체로 완결성을 지니기 때문에 어떤 경우라도 무한 책임을 져야 한다는 마음을 가져야 하는 것이다.

 겨울 방학이 끝나더라도 방학 동안에 배운 바를 신학기에 적용할 수 있다면 행복한 개학이 될 것이다. 여름 방학이 끝나더라도 다시금 2학기에 새롭게 시도할 교수·학습의 전략이나 자료가 준비되어 있다면 그 역시 행복할 일이다. 이렇듯, 어떻게 방학을 보냈는지에 따라 교사의 삶의 목표는 달라진다. 휴가보다도, 보충 수업보다도, 취미 생활보다도 먼저 연수 자리를 비워 두자. 그리고 자기 스스로 노력하고 여러 지식을 갖고 있는 교사들과의 만남을 기다려 보자. 방학이어서 기쁘고 또한 개학을 하니 더욱 기쁜 교사가 되어 보자.

내가 지금 학생이라면
어떤 학생일까?

　역발상을 해 보자. 학생들의 수업 태도, 무기력한 모습, 불만에 가득 찬 얼굴, 나아가 노골적인 반감들을 떠올리며 '지금 내가 이 대로의 모습, 이 성격, 이 태도로 학생이 되어 선생님의 수업을 받는다면, 선생님은 나를 '좋은 학생'이라고 생각할까?' 하고 물어보자. 좋은 학생으로 생각되는 몇몇을 떠올려 보고 그들과 비교할 때, 과연 고개를 끄덕일지 아니면 갸우뚱할지 생각해 보자. 그들이 보여 준 바른 자세, 긍정적인 태도, 적극적인 반응, 예의 바름, 당당한 주장과 비판 등을 놓고 봤을 때 그 모습을 흉내 내기는 쉽지 않을 것이다.

　교사는 구조적으로 권력을 가진 직업이다. 그렇기 때문에 위치를 바꿔 생각하는 것 자체가 큰 잘못이지만, 역지사지를 통해 시사점을 추출해 보자. 보통 좋은 학생의 대명사로 쓰이는 말이 '모범생'이다. 모범생은 '학업이나 품행이 본받을 만한 학생'을 지칭한다. 실력 면에서 월등해야 한다는 1차 조건에 품성과 행실이 더해져야 하니 만만한 조건이 아니다. 통상적으로 보면 반에서 4~5명 정도가 해당되려나 싶다.

그렇다면 좋은 교사의 대명사로 쓰이는 말은 뭘까? 좋은 선생, 참스승, 훌륭한 선생……. 그렇다고 '모범 교사'로 통칭하기도 쉽지 않다. 좌우간 궁리에 궁리를 더해도 똑 부러지게 지칭할 마땅한 말이 떠오르지 않는다. 필경 찾지 못한 것이 아니라 그렇게 불릴 사람이 흔치 않아 그 말이 만들어질 기회가 없었던 것은 아닐까 싶다.

곰곰이 생각해 보니 존경할 만한 정치인 중에 학위나 장군 등의 지위가 없는 일반 정치인에게 '선생'이라는 존칭을 붙이기도 한다. 존경받는 보통의 사람에게도 이름이나 호 뒤에 '선생'이라는 호칭을 붙여서 사용한다. 이렇게 보면, '선생'이라는 어휘 자체가 바로 좋은 교사의 대명사가 아닐까 하는 생각이 든다. 그렇다고 통상의 '김 선생, 이 선생' 모두가 이에 해당한다는 말이 아님은 부연하지 않아도 될 것이다. 합의된 어휘가 마땅히 없다는 것을 되짚어 보면서 반성적 사고를 가져 보자. 좋은 학생과 좋은 선생의 관계를 생각해 보자. 지위의 문제를 떠나 본질을 놓고 봤을 때, 둘의 공통점의 핵심은 존중과 배려일 듯싶다. 다시 말하면, 헤아려 주는 마음이다. 이해해 주는 마음이다. '네 마음 다 알아!' 이보다 더 은근슬쩍 정이 가는 말이 있을까.

실력은 모자라면서 착하기만 한 교사는 무시하고, 잘 가르치기

만하는 교사는 싫어하는 것이 우리 아이들이다. 실력도 있고, 학생들의 생각을 잘 이해해 주고, 수업 역시 재미있게 하는 선생이라면 학생은 물론, 교사 스스로, 나아가 학교라는 곳이 얼마나 행복해지겠는가. 사실 이러한 것들은 노력하면 얼마든지 가능한 것들이다.

아이들이 졸려하는 모습을 학생의 탓으로 돌리기 전에 자신의 문제로 받아들여야 한다. 학교에 가기 싫어하고, 매사 무기력한 모습을 보여 주는 학생을 보고 학교의 탓은 아닌지, 교육과정 안에서 보듬을 수는 없는지 고민해 보아야 한다. 단지 평가의 결과가 나쁘다는 이유로 모든 가치를 낮게 볼 것이 아니라 제대로 된 능력을 발휘할 기회가 없어서 그런 것은 아닌지 하는 생각들을 허심탄회하게 터놓고 고민해야 한다.

좋은 교사는 좋은 학생의 모습과 일치한다. 좋은 학생이 많으면 수업하기도 편하고, 선생 노릇 하기도 좋다. 그렇다면 우리 모두 좋은 학생이 되어 보자. 청소 시간에 학생처럼 청소 구역을 맡아 제 역할을 다해 보고, 동료가 부탁한 일을 제때제때 처리해 보자. 힘들어하는 동료가 있으면 대신 수업도 해 주고, 시간을 내서 차도 같이 마셔 보자. 발표해야 할 때 적극적으로 발표하는 학생들이 보기 좋았듯이, 동료 간에 협의할 때 적극적으로 회의에 참여하여 바람직한 방향의 실마리도 제공해 보자. 학교에 대해 애교심(愛校心)을 갖자고 가르치듯, 교육에 대해 애교심(愛敎心)을 발휘해 보자. 교육이 사는 길은 학생들을 잘 가르치는 것에 있는 것이 아니라, 교사 간에 동료애를 발휘하는 것이 아닐까 싶다. 그리했을 때 비로소 교육은 살아나는 것이라고 생각한다.

'좋은 학생이 많은 학교면 참 좋겠다.'는 희망이 있다면, 내 스스로 '좋은 학생'이 갖추어야 하는 자질을 지니도록 노력해 보자. 그래서 모두가 배우는 입장으로 돌아가 보자. '좋은 학교가 되었으면 참 좋겠다.'는 꿈을 실현하기 위해 스스로 '좋은 학생'이 되어 보고, '좋은 교육을 해 보고 싶다.'는 목표를 달성하기 위해 '좋은 학생'들이 보여 준 모범적인 자세로 수업을 디자인해 보자. '좋다는 것'은 멀리 있는 신기루가 아니다. 제 스스로 몸부림하면 구하지 못할 것도 없다.

Home and away

텃밭은 '집의 울타리 안에 있거나 집 가까이 있는 밭'이다. 자급자족의 터전인 셈이다. 먹거리를 언제든지 손쉽게 구할 수 있어야 하니 관리하고 가꾸는 것은 집안 살림 못지않아야 한다. 더구나 먹고 남은 부산물이 버려짐으로 끝나지 않고 다시금 생명이 되어 '씨알'까지 잉태하니 대접받아 마땅한 터전이다. 교사에게도 이런 텃밭 하나쯤은 있어야 한다. 교사로 한 세대를 살아가야 하는 우리에게 그 텃밭에서 생산되는 것으로 교수·학습의 기본이 꾸려진다면 순리에 역행하는 일은 없을 것이다.

텃밭의 또 다른 의미는 '자신에게 이익이나 승리의 권리가 있다고 믿는 곳을 비유적으로 이르는 말'이다. 즉 '내 것'이다. 'Home and away'라는 말이 있다. 교사의 수업은 대부분 'home'에서 이루어진다. '텃밭'인 셈이니 절대적으로 유리하다. 하지만 가끔은 'away'해 볼 기회를 갖는 것도 필요하다. 낯선 환경일지니 준비할 것이 많을 것이다. 사전 교감이 없으니 동기 유발도 쉽지 않을 것이다. 그러면서 내 텃밭에서의 수업이 얼마나 좋은지 새삼 깨닫게 된다.

텃밭에는 내가, 나아가 우리가 좋아하는 것을 심기 마련이다. 사고팔 정도의 양은 아니니 굳이 양을 늘리는 수고를 하지 않아도 된다. 가급적 약도 덜 치기 때문에 다소 없어 보여도 상관이 없다. 실속만 있으면 되는 것 아닌가. 오며 가며 살피는 재미도 쏠쏠하고 텃밭에서 수확한 작물을 앞뒷집과 나눠 먹는 재미도 있을 것이다. 할 일 없을 때에는 무료한 시간을 때우는 놀이터가 되기도 한다.

교사의 삶은 시종 수업만으로 이루어지는 것은 아니다. 1주일에 16시간쯤 수업한다면 나머지는 수업을 준비하는 시간이다. 교사가 준비하는 수업이 교과서나 참고서에 있는 것만은 아니다. 교과서에 매몰되지 않고 입시를 뛰어넘을 때 오히려 제대로 된 교육이 눈에 들어올 것이다. 수업에 대한 담론에서 교육에 대한 담론으로 인식이 확장되면서 자아 존중감이나 교직에 대한 사명감이 한층 더 강화된다는 의미이다.

교사의 텃밭은 물리적 공간의 확보만을 의미하는 것은 아니다. 자투리 시간이 났을 때 꾸준히 할 수 있는 어떤 것, 자신이 가지고 있는 교육에 관한 재능을 지속적으로 신장하려고 노력하는 것, 배우기 위해 어떤 조직이나 동아리에 몸담고 함께하는 것, 자기 교과 수업에 필요한 다양한 자료를 외부에 의존하지 않고 직접 생산하기 위해 인프라를 구축하는 것 등이다. 한마디로 수업 자료의 물류 센터를 구축하는 일이다.

자신의 텃밭에 '씨' 하나, '알' 하나 툭 던져 놓자. 그러다 혹 시간이 남아도는 때 그 '씨알'에 거름이나 물을 줘 보자. 그러면 어느 날 얼굴을 내미는 생명력 있는 싹을 발견할 것이다.

배움에서 벗어나자

제법 꼼꼼하게 교재 연구를 했다 싶어 자신만만하게 수업을 전개해 가는데, 말이 꼬인다. 미리 검색을 통해 자료 화면을 갈무리해 놓고 어려운 개념을 설명하는 중이었다. 굳이 사족을 달지 않아도 될 정도로 알기 쉽게 풀이해 두고 있으니 쭉 읽어 가면 될 성 싶었다. 그런데 정답으로 가는 길과 사뭇 멀어져 간다. 예로 든 어휘가 개념과 잇닿지 않는다. 깊은 생각 없이 줄줄 읽어 간지라 어느 지점에서부터 엇나갔는지 찾기도 힘들 지경이다. 차츰 확신이 없어지고, 말에 힘이 빠지고 이마에 땀이 솟는다. 학생들은 아는지 모르는지 보고만 있을 뿐인데도, 나 혼자 갈팡질팡한다. 그러다 "자, 이해가 되었지요?" 하고는(아니 더 정확하게 말하면, '설명해 봤자 잘 모르지요?'가 맞는 말일지도 모른다.) 허겁지겁 교실을 빠져 나왔다.

배워도 배워도 끝이 없는 것이 인생이라고 한다. 특히나 요새는 '평생 학습 시대'라고 말한다. 60세가 넘어서도 '배우는 것이 즐겁다.'라고 말하는 분들을 어렵지 않게 본다. 모두 맞는 말이다. 이치를 깨닫고, 그래서 삶에 보탬이 되는 지식을 얻어 지혜를 발휘할 수 있으니 행복의 원천인 것은 마땅할 일이다. 그만큼 우리 주변에는 배울 것이 많다는 의미이기도 하거니와 또한 사회가 발전한다는 말이기도 하다.

하지만 이제 그만 '배움을 멈추자.'고 소리를 내 보자. 누군가 그것은 자만이라고, 또 건방지다고 해도 잠시 눈을 감고, 이제 '내 이야기를 할 때가 되었다.'고 말해 보자. '자기 스스로 주인으로 사는 길'을 찾는 것이라고 당당히 말을 하자. 이때 두려움은 배움 못지않을 것이다. 하지만 두려움보다 더 큰 배움이 자리할 것이다.

갇힌 배움에서 과감히 벗어나자. 여전히 계단은 오를 수 있지만 다시금 내려와야 하기에 이제는 그 도전 정신을 마감하자. 그래서 '끝없음'이 주는 진리를 받아들이자. 끝이 있으면 부단히 오를 것이지만 운동장 트랙을 도는 것이라면 '끝없음' 아닌가. 걷다 멈추는 순간이 끝이니 말이다. 그렇다고 안주하자는 것은 아니다. 마치 다람쥐 쳇바퀴 돌듯 사는 삶이라면 허망할 일이다. 그 안에서 도전한들 무슨 볼 일이 있으리오. 수차에서 발걸음의 속도를 올리면 기구 너머로 넘어질 뿐이다. 반대로 너무 느리면 바닥에 잠기고 만다. 무심히 회전하는 것 같아도 그 나름의 속도를 통해 높이를 유지하고 있다. 적당한 회전력을 발휘하여 제 스스로 배움을 만들어 가는 지혜가 숨어 있는 것이다.

어떤 이는 배움을 위해 여전히 새로운 지식이나 교양을 얻으라고, 새로운 기술을 익히라고, 남의 행동이나 태도를 본받아 따르라고, 경험하여 알아 가라고, 습관이나 습성이 되게 하라고 줄기차게 채찍질한다. 하지만 얻거나 채우지 않고 주변의 일에 참여하거나 주변을 긍정의 눈으로 바라본다면 충분히 배움 그 자체가 될 수 있을 것이다. 이를 위해 잠시, 아니 한동안은 독서를 멀리하고, 연수를 뒷전에 두고 자신의 생각을 들춰내 보자. 말로, 아니면 글로 말이다. 충분히 그럴 수 있음에도 기회를 갖지 않아 부담스러울 수 있다. 우리가 나아갈 길에서 만나는 대상은 내가 걸어온 그 길을 걷는 동료이다. 그 역시 '나 같은 나' 아니겠는가. 내가 나를 향해 내 철학을 소곤소곤 말해 보자.

6부

평가에 대해
새롭게
생각합니다

교사로 사는 동안 가장 두려운 단어 하나를 고르라면 단연 '평가'이다. 학생들에 대한 시선, 학부모를 비롯한 교육 공동체의 이해관계들이 모두 평가에 반영되어 나오기 때문이다. 더구나 교원 평가가 자리하고 있으니 평가받기 무서워 교단을 떠나는 사례도 빈번해지고 있다. 하지만 이러한 외적인 시선은 진정성으로 얼마든지 극복할 수 있다. 계획하고 실천하고 마감하는 모든 여정을 자신의 '책임'에 두는 것이다. 교사의 자기 완결성은 다른 직업에 비해 훨씬 강하다. 아니 교사는 전적으로 자기 완결성을 추구해야만 한다. 그렇기 때문에 교사는 철저한 준비부터 치밀한 적용, 그리고 완벽한 마무리까지 할 수 있어야 한다.

　평가는 '손맛'이 중요하다. 가르치는 교사가 주관에 따라 부여할 배점을 갖자는 말이다. 공정성 시비를 운운하면서 빵틀에서 붕어빵 굽는 식의 평가는 피하자는 말이다. 심리적 갈등을 느낄 수도 있고, 양심이 흔들리는 경험을 할 수도 있지만 '평가권'을 내 손안에 두어야 한다. 그렇기 때문에 과정 중심의 평가가 의미 있는 것이다. 수행 평가가 힘들다고 형식적으로 하는 일은 삼가자는 말이다. 아울러 평가는 '잘했다! 잘하고 있다! 잘할 수 있다!' 이 셋 중에서 '잘할 수 있다.'에 그 지향점을 두어야 한다.

  그러나 학교 안에서 교사 간에 평가를 바라보는 시선은 차이가 크다. 온전한 평가를 위해 그 어떤 수고에도 과정 중심 평가를 하는 교사도 있고, 그야말로 하는 수 없이 형식적으로 평가를 전개하는 교사도 있다. 물론 교사에게 평가권을 주었으니 어떻게 하든 자기 책임일 뿐 그것을 탓할 수만도 없다. 다만 '하는 척'을 했다면 다른 면에서 그에 버금가는 노력을 하여 학생의 역량을 키워 주어야 한다. 그런데 '과연 그런가?'가 문제이다. 하고 싶은데도 못 하는 것인지, 아니면 할 수 있는 것이 없어 하지 못하는 것인지 생각해 볼 문제이다.

평가의 두 얼굴

평가는 태생적으로 불공평하다. 달리 말하면 부정확하다. 같은 시험지라도 시험을 다시 보면 점수가 다르고 면접에서 같은 질문을 하더라도 다른 논리로 답을 하게 된다. 아는 것만 나오는 행운이 있는 반면, 모르는 것만 나오는 불운도 있다. 그런 탓에 평가 결과만으로 인간의 가치를 논하는 것은 조심해야 할 일이다.

평가에는 근본적으로 '힘겨움'이라는 조건이 자리한다. 평가를 하는 사람이든 평가를 받는 사람이든 마찬가지이다. 평가에 부담이 없다면 그 자체로 평가는 무의미할지도 모른다. 평가는 피한다고 해결되는 것도 아니고 죽기 살기로 달려든다고 얻어지는 것도 아니다.

평가는 획일적으로 이루어지지 않는다. 인간은 획일적이지 않기 때문이다. 인간에게는 가능성과 불가능(혹은 앎의 정도, 역량의 깊이)의 차이가 존재한다. 그래서 그 차이를 반영하여 쓰임새를 구분하자는 것이 평가가 지닌 의미이다. 언뜻 보면 불평등이 숨어 있는 듯 보이지만 '가려 씀'이 오히려 당사자 간에도 효율적인 면이 있다고 판단할 수 있다. 그래서 평가는 동전의 양면과도 같다.

평가는 흔히 시험이라는 요식 행위를 통해 이루어지는데 그것은 지필 고사의 형식을 취하는 경우가 대부분이다. 그렇기 때문에 지식의 양을 측정하는 간편한 방식을 널리 애용한다. 그러다 보니 진행 과정을 알지 못한 채 '결과'로 나온 수치를 가지고 '순위'를 매김으로 끝이 난다.

그래서 평가의 새로운 길을 모색함에 있어 가장 요구되는 것이 '과정 중심'이다. 그런데 이는 지필과 달리 절차의 연속성, 개방적 성격 때문에 일정한 수준의 열린 행위로 이어질 수밖에 없다. 제3자의 개입 여지가 생기는 것이다. 그렇기 때문에 평가자나 피평가자 모두 과정에서부터 결과에 이르기까지 지속적으로 '불편한 관계'에 놓인다.

평가는 자신의, 자신에 의한, 자신을 위한 자발적 의지로 출발하지는 않는다. 사회적 관계 안에서 유의미한 존재로 살아남기 위한 '비자발적'인 행위이다. 학교 교육과정에서도 마찬가지이다. 학생의 의사와 상관없이 강제적으로 치러야 하는 통과 의례인 셈이다.

앞에서 언급했듯 평가의 방식은 여전히 지필 형태가 절대적이다. 그래서 수행 평가나 과정을 중시하는 평가로 전환하는 것은 쉽지 않다. 그럼에도 불구하고 과정 중심의 평가로 바꿔야 하는 이유는 과정을 등한시하고 결과만을 고집한다면 그것은 '절반의 성공'이기 때문이다. 결과만을 중시하게 되면 '앎'은 실제 삶에서 온전한 힘을 발휘하지 못하기 일쑤이다. 이러한 문제를 보완하기 위해 전체 과정 안의 어느 지점 지점에서 이루어지는 '활동'을 살펴야 하는 것이다. 이러한 이유로 결과에 도달하는 과정을 평가 척도에 넣을 필요가 생겼고, 이것은 '질적 평가'를 요구하는 근거가 된다.

결국 '질적 평가'를 요구하는 시대 흐름에서 수행 평가가 바람직하다는 결론을 얻을 수 있다. 수행 평가는 협업 능력, 나눔과 배려, 집단 지성, 나아가 올바른 인성을 지향한다. 더불어 살아가는 시대정신을 반영하는 평가 방식이다. 독립적인 한 사람 한 사람의 힘보다는 열 사람이 힘을 합치기를 바라는 것이다.

평가는 다 같이 넓게 높게 그리고 멀리 나아가자는 것이다. 혼자 날기보다는 계단을 밟으며 함께 오르자는 것이다. 긴 시간에 걸쳐 경험을 해 보고 그 안에서 유의미한 이치를 발견하고 이를 자신의 성장 동력으로 삼자는 것이다.

평가는 결과에 대한 파장을 최소화할 때 비로소 완성된다. 물론 '부정한 손'이 개입되어서는 안 된다는 것은 두말할 나위가 없다. 결과를 받아들인다는 것은 공정성의 문제가 아니다. 피평가자가 자신의 역량을 있는 그대로 인지하고 앞으로 무엇을 어떻게 준비해야 하는지 스스로 깨닫는 기회로 삼아야 한다.

수행 평가의 정신

수행 평가, 이것은 또 하나의 새로운 시도가 아니라 시대의 변화를 교육 현장에 도입한 환경 친화적인 평가라고 할 수 있다. 이를 위해서는 '학생의, 학생에 의한, 학생을 위한 평가'가 되어야 할 것이며, 셀프(self)와 애프터(after)가 결합된 소위, 셀프터 서비스(selfter service)가 되어야 한다.

수행 평가는 학생 스스로 판단하고 지식을 쌓아 가는 과정을 평가하는 것이다. 학생들은 내 생각보다는 남의 생각을, 내 판단보다는 남의 판단을 주로 의지해 왔다. 학생들은 자신이 써 놓은 정답에 대한 자신의 논거를 주장하지 못하고 남의 논거를 가져와서, '여기에 이렇게 쓰여 있어요.', '여기에 이렇게 나와 있는데요.'라고 말한다. 하지만 수행 평가에서 학생들은 자신들의 생각을 자신들의 판단과 지식으로 쌓아야 한다. 보고 베끼는 것, 단순히 자료를 찾아 옮기는 것이 아니라 남의 것과 내 것을 구별하여 스스로 생각하고 판단해야 한다. 이렇게 유도하는 것이 수행 평가의 중요한 본질이다.

친절한 평가는 그 무엇을 알게 하기 위해서 평가를 하는 것이다. 보자기에 감춰 놓는 것이 아니라, 보자기를 펼치고 아이들로 하여금 그 보자기 안을 볼 수 있게 해야 한다. 자기 스스로 평가 예상 문제를 만들고 평가 답안을 작성하게 하는 훈련, 이것이 바로 친절한 평가가 아닐까 싶다. 서비스가 있는 평가, 이것은 목표 중심의 친절한 안내이다.

마지막으로 수행 평가는 미래의 발전 가능성을 고려한 평가여야 한다. 현재적 평가보다는 미래적 평가, 현재적 측정보다는 미래의 발전 가능성을 높여 주는 독려로서의 평가관을 가져야 한다. 우리가 우리의 삶을 살아가는 데 필요로 하는 지식은 전수나 암기로만 획득되는 것은 아니다. 삶의 문제들에 대해 순간의 기지나 지혜를 발휘해서 살아가기 때문이다. 그 지혜, 그 기지, 그 안목을 키우는 평가가 바로 '알고 싶어 하는 마음가짐'을 기르는 것이 아닐까?

수행 평가의
시작과 끝

　어떤 과제로 수행 평가를 하는 게 효과적일까? 답은 교사와 학생이 수직이 아닌 수평적 관계를 맺는 것이다. 그리고 철저하게 학생들 입장에서 바라보는 것, 마지막으로는 끝까지 기다리는 자세를 갖는 것이다. 수행 과제를 제시하기 전에 학기초 한 시간에 걸쳐 모둠을 짜고, 교수·학습의 전략을 설명하고 교과서는 자료에 불과하다는 것을 전달한다. 그리고 수행 과제는 그 절차를 구체적으로 안내하고, 과제를 힘들어할 것 같은 학생은 미리 찾아 '예방' 교육도 하고, 수행 평가가 내신 고사보다 더 변별력이 크다는 사실도 이해시키는 등 사전에 철저하게 교육한다. 학생들이 절대적인 지지로 수행 평가를 할 것이라는 믿음이 생기면 비로소 수행 과제를 시작한다. 먼저 학기초에 학생들에게 자기소개서를 받는다. 이것이 매년 하는 1차 수행 평가이다. 학생들의 자기소개서를 통해 학생 개개인의 성향을 파악하는 것은 무엇보다 중요하다.

교사는 일방적으로 과제를 제시하고 학생은 무조건 과제를 이행해야 하는 상명하복의 자세를 과감히 버리고, 학생 이상으로 과제를 더 세심하게 수행하면서 그들 속으로 들어가 수행 과정을 살피는 노력을 지속해야 한다.

이때 필요하다고 느끼는 것이 바로 '전용 교실'이다. 전용 교실에서 아이들이 언제든 수행 과제를 편하게 하게 하고, 교사는 그것을 자연스럽게 살피면서 독려하면 학생도 교사도 함께하는 것을 즐기게 된다.

수행 평가는 그것을 보람으로 여기는 교사의 희생이 없이는 안된다. 교육 환경을 교과에 맞게, 활동에 맞게 구성하는 것도 교사의 지원이 필요한 일이다. 모둠용 책상으로 교실을 꾸며 학생들이 늘 모둠 활동을 할 수 있게 하는 것이 그 예이다.

끝으로 서술형 평가를 한다고 하여 수행 평가의 반영 비율을 줄인다거나 서술형 평가 자체를 수행 평가로 대치하는 식의 접근은 바람직하지 않다. 장차 내신 고사는 철저하게 서술형, 탐구형 평가로 나아가야 한다. 대한민국 교육의 가장 큰 변혁은 객관식 평가가 사라지는 것이다. 그렇게 되면 그 자리는 서술형, 탐구형 평가가 대신할 것이다.

수행 평가
채점의 비법

내신 평가의 경우 특정 학생의 답안을 다른 친구들이 볼 이유가 없겠지만, 수행 평가의 결과물은 그렇지 않다. 학생들이 서로 공유하는 것이 매우 중요하다. 그런 만큼 과제를 수행하는 모든 학생들이 친구의 것을 함께 보면서 스스로 깨우치는 것까지 이루어져야 비로소 완결성을 지닌 활동으로 마무리된다.

그래서 수행 평가의 결과물이나 수행 과정의 단계별 변화를 서로에게 공개하면 좋다. 학년별, 학급별, 주제별로 게시판을 두어 해당 과제의 수행 과정을 한눈에 볼 수 있도록 하는 것이다. 해마다 누적해 두었다가 시범을 보인다거나 가치 있는 자료를 보여 줘 학생들이 과제를 수행하는 데 불편함이 없도록 배려할 수도 있다.

모든 결과물을 교사가 독점하지 않고 100명, 200명이 모두 언제 어느 때든 보면서 함께 공부하는 것, 이것에 주안점을 두고 이것을 지속한다면 평가는 수업 속에서 자연스럽게 이루어질 것이다. 수업 중에 같이 보면서 평가하고, 모둠별로 우수작을 뽑아 그것으로 평가하고, 예선을 거쳐 선발된 모둠별 대표작만을 뽑아 평가하는 등 나름 묘안을 찾으면 변별을 위한 채점의 부담에서 벗어날 수 있다. 채점이 일상 속에서, 수업 속에서 자연스럽게 이루어지니 따로 시간을 내서 '정확', '타당', '객관'을 운운하며 옳고 그름을 바탕으로 점수화하는 식의 채점에서 벗어날 수 있는 것이다. 이렇게 하면 아이들의 불만, 채점에 대한 오해와 불신, 납득하지 못하겠다는 트집 등은 원천적으로 사라진다.

또 하나 중요한 점은 결과물로서의 평가가 가지는 몫을 가급적 20% 안팎으로 두는 것이다. 나머지 80%는 과정 평가에 반영해야 한다. 과정 평가의 핵심은 바로 수업 태도, 참여도 등이니 수업이 진행되는 동안 학생들을 늘 살펴보는 것을 잊지 않아야 한다.

한 가지 비법을 공유하자면 수행 평가의 만점을 100점으로 하지 않고 80점으로 하는 것이다. 그리고 20점은 철저하게 교사의 고유 권한으로 맘껏 활용하는 것이다. 즉 가산점을 주는 것이다. 비교과 활동을 반영하면서 수업을 장악하는 것이다.

정리하면, 수행 평가는 채점할 것이 양적으로 교사의 책상에 놓이게 해서는 안 된다. 만일 채점이 필요하다면 모둠 평가를 해보자. 혹 모둠원들의 구성 양상에 따라 문제가 발생한다고 하여도, 무임승차하는 학생을 교사가 지도하면 되는 것이고 또한 손해를 보는 학생이 있다면 그것을 감안하여 억울하지 않게 가산점을 주면 된다. 물론 이것 또한 공개적으로 말이다.

손 놓고 있는
학생 평가하기

    학급에는 수행 평가 과제물을 제출하지 않고 손 놓고 있는 학생이 더러 있다. 이럴 때에는 공부를 잘하면서도 성품이 좋고 성격이 적극적인 학생을 설득해 그 학생과 같은 모둠에 포함시킨다. 그리고 그 학생에게 멘토 역할을 하게끔 부탁을 하면서 늘 지켜본다. 때로는 잘하는 그 학생이 못하는 학생의 과제를 대신해 주는 경우도 있다. 그렇더라도 그냥 눈감아 준다. 이것이 교육의 한 모습이고 결코 비도덕이나 불법으로 처벌할 수 없는, 살아가는 하나의 모습인 듯싶기 때문이다.

    모든 것을 지나치게 엄격한 규칙에 적용해 바라보면 얻는 것보다는 잃는 것이 많다. 융통성을 가지고 접근하면서 교육적인 가치를 드러낼 수만 있다면 '이 맛이 바로 수행 평가다.'라고 느낄 수 있을 것이다. 정기적으로 치르는 내신 고사라면 어찌 가능하겠는가? 마치 잘한 친구 것을 몰래 보는, 커닝이 될 것이니 말이다. 하지만 수행 평가가 교수·학습의 실제 속에서 활발하게 이루어진다면 그 어떤 것도 다 이해할 수 있는 선에서 접근이 가능하다.

또 하나 생각해 볼 것은 개별 활동보다 모둠 활동을 훨씬 더 중시해야 한다는 점이다. 수행 평가의 70% 정도는 모둠 활동으로 하고, 모둠 활동이 안 되는 경우만 개별 평가를 하는 것이다. 이렇게 모둠 활동을 하게 되면 손 놓고 있는 학생을 줄일 수 있다. 앞서 말했듯이, 교사가 손 놓고 있는 아이와 잘하는 친구들을 적절하게 연결해 주고 그로 인해 나타나는 양상을 살펴 적절하게 대응하면 어려움을 해결할 수 있다.

하나 더 언급하자면 수행 과제를 다양화하여, 손 놓고 있는 학생이 속한 모둠이 그 학생으로 인해 큰 이익을 볼 수 있게 하는 모둠 과제를 배치하는 것도 좋은 방법이다. 그래서 손 놓고 있는 그 아이가 중심이 되어 시간과 물리적 노력을 투자하게 하는 것이다. 그렇게 주연이 될 수 있는 기회를 제공한다면 이후의 수행 과제에서는 보다 적극적으로 임하는 모습을 쉽게 발견할 수 있다.

결국 정답의 열쇠는, 학생이 손 놓고 있는 것을 그 학생의 문제로 보지 않고 교사의 몫으로 보는 인식의 전환에 있다. '점만 찍어서 내도 점수를 주겠다.'는 하소연이 자리하지 않게 하는 길은 더욱더 그들 곁으로 다가가서 그들의 입장에서 바라보는 것이다.

교사별 평가의
이해

교사별 평가는 교과 담당 교사가 자신이 지도한 내용에 따라 평가 방법, 평가 시기, 평가 관점 등을 정해 학생을 평가하는 것으로, 교사의 평가권을 최대한 보장해 교육과정 혁신, 수업 혁신을 이끌고자 하는 방안이다. 종래 일제식 평가에서 진일보한 모습이다. 아직 내신 평가의 정기 고사까지는 나아가지 못하고 있지만 수행 평가에는 충분히 적용이 가능하다.

특히 과정 중심 평가가 강조되는 지금에서는 교사별 평가여야만 평가의 공정성을 담보할 수 있다. 결과 평가만으로는 학생의 진면목을 발견하기 힘들기 때문이다. 학생의 활동 과정을 직접 관찰하여 발견한 바를 바탕으로 발전 가능성을 피드백하는 단계까지 이르는 것이 교육의 올바른 길일 것이다.

하지만 교사별 평가를 일반화하기에는 사실 두려운 면이 있다. 인터넷 어딘가에 있는 자료를 가져다 쓴다거나, 주변의 도움으로 문제를 겨우 해결한다거나, 과정 중심 평가를 제대로 경험하지 못한다거나 하는 경우에는 환영받을 수 없는 평가 방식이다. 지필 평가에서의 '공동 출제, 공동 채점'은 여전히 유효하지만 수행 평가에서는 계획에서 과정, 결과 산출, 그리고 피드백에 이르는 모든 과정을 개개인이 책임져야 하는 탓에 부담을 느끼는 교사가 많을 것임은 예측이 가능한 부분이다.

　이 말은 결국 '나만의 것'이 있어야 한다는 것을 강조한다. 그렇다고 해도 그것이 최종 해결책은 될 수 없다. 교사별 평가는 '교육과정-수업-평가-기록'의 일체화를 전제로 하기 때문이다. 단지 평가에만 초점을 맞춘다면 평가를 위한 평가로 전락할 가능성이 크다. 따라서 교사별 평가는 먼저 수업과 평가가 연동되어야 하고, 장차 교육과정 재구성과 기록까지 닿아 있어야 한다.

　이러한 일련의 과정을 종합해 마지막 단계에서 만나는 것이 '교사 교육과정'이다. 종속적인 교사에서 주체적이고 능동적인 교사로 사는 삶이다. 교과서가 정전이 아니라 하나의 교수·학습 자료에 불과하다는 생각을 갖게 되는 데에 꽤 많은 시간이 걸린다. 마침내 '내가 바로 움직이는 교육과정이구나.' 하는 생각이 들면 교사로서의 정체성은 확립되었다고 말할 수 있다.

　한편 교사별 평가는 곧 교사 평가라는 무서운 면을 인식해야 한다. '교사별'이라는 말은 교사 개개인을 하나의 독립체로 보고 가는 것이니 공동의 책임이 무책임이라고 했던 묵시적인 합의가 깨졌음을 의미한다. 더구나 '교사별'이라는 말 속에 들어 있는

'차이'의 문제를 학생의 책임으로 돌리는 것이 아니라 교사에게도 있다는 측면이 부각될 수밖에 없으니 두려울 일이다.

자기 색깔을 지닌
교사별 평가

가장 주관적인 것이 가장 객관적이다. 한마디로 여러 정책의 변화를 소극적으로 받아들여 '무리 없는 수준'의 궁색한 수를 두지 말고, 그 변화를 적극적으로 수용하여 자기 색깔을 지닌 교사로 거듭나자는 것이다. 자기 색깔을 지니고 산다는 것은 여간 부담스러운 것이 아니다. 주관이 그 무엇보다 뚜렷해야 하니 말이다. 그러나 주관은 교육 공동체 간의 이해관계에도 맞아야 하고 교과의 본질에도 적합해야 하니 섣불리 일반화할 수 없다.

이 부분이 우리가 심각하게 받아들여야 하는 부분이다. 주관이 된서리 맞지 않고 나아가려면 관점을 명확히 해야 한다. 교사 개개인이 추구하는 관점을 분명히 하고, 그 관점을 바탕으로 평가하며 교수·학습한다는 확신을 갖게 되면 자신의 주관을 가지고 나아갈 수 있다.

이때 생각해야 할 점이 '교사의 의식'이다. 장기적으로 '교사에 대한 평가'에서 다시 만나는 문제이지만, 관점을 어디에 두느냐에 따라 교사에 대한 평가의 결과는 달라진다. 교사가 학생을 어떤 관점으로 바라보느냐에 따라 학생에 대한 평가가 달라진다는 말과 같은 맥락이다. 가장 객관적인 평가를 위해 '객관도, 신뢰도'라는 측면에서만 접근했던 관점 대신에 '타당성'에 초점을 둔 '주관'을 평가에 적극적으로 반영하자는 것이다.

여기서 잠시 생각해 볼 문제가 있다. 학교 단위의 관리자는 교사별 평가에 대해 어떤 생각을 하고 있는가 하는 점이다. 아마도 제일 고민되는 지점이 '교사 간의 갈등'일 것이다. 그 갈등은 학생이나 학부모 같은 외부 요인 때문에 일어났을 가능성이 크다. 교사가 가치 있는 교육 활동을 했다 하더라도 그것이 현실적 이익을 과연 잠재울 수 있는가는 의문이다.

이 지점에 이르러 학교 단위, 교과 단위에서 모두가 고민해야 하는 것은 결국 '나 때문에' 부정적 결과가 나오지 않도록 하는 것이다. 오히려 '나 때문에' 긍정적인 방향으로 나아가게 되었다는 확신을 갖게 해야 한다.

교사별 평가는 '주관'을 대한다는 점에서 수행 평가와도 관련이 있다. 그러니 수행 평가 활동에서 시사점을 건져 볼 필요가 있다.

수행 평가가 의미 있는 교육 활동임은 두말할 나위가 없다. 다만 이러저러한 요건 때문에 힘들다거나, 아직도 사회적 합의가 부족하다거나, 타당성 있는 과제가 개발되지 못했다거나 하는 지적은 여전히 큰 문제가 아닐 수 없다. 그러나 이러한 실정에도 불구하고 내실 있게 수행 평가를 해 나가는 교사들을 보면 철저하게 자신감에 차 있는 것을 볼 수 있다. 그 교사들에게는 형식에 얽매이지 않는 자기만의 고유한 고집이 엿보인다. 마치, '모든 것이 내 손안에 있소이다.' 하는 느낌마저 든다.

그들이 지닌 공통점은 아주 평범하다. '내가 가르치는 것을 내가 평가한다.'는 것이다. 평가 방식에서 지필 평가로는 부족하니 수행 과정을 염두에 두고 아이들 속으로 들어가면 객관 평가에서 얻는 그 이상의 공정한 평가를 얻을 수 있더라는 것이다. 그들이 감히 성공적인 수행 평가라 부르면서 요구하는 것은 '제반 교육 활동에 주체적으로 임하라.'는 것이다. 그래서 형식의 파괴는 물론, 교수·학습에 이용되는 자료를 교사 수준에서 개발하여 쓰도록 요구한다. 덩달아 학생 활동 속으로 더욱 깊게 파고들어 가면 수준별 학습을 비롯해 학생들의 정서 순화에도 기여할 수 있다고 토로한다.

교사별 평가의
양면성

평가는 칼자루 없는 칼이다. 2012년 런던 올림픽 펜싱 종목에서 신아람 선수에 대한 '금메달' 시비는 선수의 문제가 아니라 철저하게 '심판자'에 대한 질책이었다. 평가를 제대로 하지 못해 발생한 일이었기 때문이다.

이름 있는 프로 선수들이 심판이나 감독을 어떻게 보느냐를 짐작해 보면 선수는 그들에 비해 우월감을 지니고 있다고 추측할 수 있다. 그렇기 때문에 심판이나 감독은 제 나름의 자리를 굳건히 하기 위하여 보다 엄격한 '룰'을 적용한다거나 가지고 있는 '힘'을 이용하여 평가를 하게 될 것이라 가정할 수 있다.

그러나 이러한 생각은 그저 통념일 뿐일 수도 있다. 감독 또한 훌륭한 선수로 인해서 좋은 성적을 거두게 되고, 좋은 성적을 거둠으로써 자신의 가치가 오르니 어디 쉽사리 의도한 바를 피력하겠는가.

이렇듯 평가는 상대방에 대한 평가이면서 동시에 나에 대한 평가라는 측면을 무시할 수 없다. 평가 결과가 탈 없이 먹혀들게 하기 위한 노력은 교육 주체들이 한마음으로 서로의 생각을 진솔하게 주고받았을 때에야 비로소 진정한 가치를 발휘하기 때문이다.

만일 학교에서 학부모와 학생 그리고 교사 간에 마찰이 일어난다면 언론을 비롯해 학교 밖에서는 어떤 시선으로 학교를 바라보겠는가. 제 잘잘못을 따지지 못하고 남 탓하는 것에 익숙한 우리의 현실에서 과연 모든 사람이 수용 가능한 최선의 방책을 강구하는 것이 가능할지는 두고 볼 일이다.

7부

더 나은
내일을 위해
나를 돌아봅니다

성찰은 '가만있으면 중간이라도 간다.'는 입장을 취하려는 자신을 거부하는 자세이다. 물론 삶의 지혜를 논할 정도의 충분한 경력을 지닌 후라면 상황에 따라 얼마든지 가능한 말이다. 하지만 교사로 사는 동안 이러한 말이 머릿속에 맴돌게 된다면 그것은 가슴 아픈 일이다.

성찰은 머물지 않고 흐름을 이어 가겠다는 것이다. 눈의 '높이'와 '넓이'의 문제이다. 그 무엇에 대한 대답에 머물지 않고 질문하겠다는 뜻이다. '아는 만큼 보인다.'는 말로 시작하여 배우면 배울수록 '알아야 할 것', '공부해야 할 것'이 늘어난다고 자각하는 것이다. 그런 만큼 성찰은 필연적으로 욕심을 수반한다.

처음에 어떤 다짐을 하며 교직을 시작했는지, 어떤 자세와 마음가짐으로 지금까지 살아왔는지, 앞으로 어떤 길을 걸어갈 것인지 등을 짚어 보는 것이 성찰의 시작이다. 성찰이 일어나기 위해서는 이러한 생각이 어느 시점에서 어떤 이유로 강화되거나 후퇴했는지 짚어 보아야 한다. 국가 교육과정의 변화 지점과 그 당시 자신의 모습도 비교해 보아야 한다. 교육 패러다임의 변화 양상과 다양한 교수 전략을 어떻게 이해했었는지도 음미해 볼 필요가 있다. 이러한 것들이 전제되지 않고는 절대, 성찰이 일어날 수 없다. 성찰은 지금까지 해 오지 않았던 것을 새롭게 하자는 것이 아니라, 해 왔음을 전제로 '역심'을 품자는 것이다. 즉 욕심을 염두에 두고 역심을 발휘하자는 것이다. '배움 너머'의 삶을 위해서는 성찰을 위한 최소한의 노력이 전제되어야 한다. 만일 이러한 자기 주도적인 노력이 선행되지 않았다면 우선은 그 노력에 대한 욕심을 3년 이상은 지속한 연후에 성찰을 시작해도 늦지 않다.

좋은 수업의
저해 요인

좋은 수업을 저해하는 첫 번째 요인은 '책임'이다. '내 책임'과 '네 책임', 어떤 관점으로 바라보느냐에 따라 해답으로 가는 길이 달라진다. '내 책임'은 저해 요인을 극복하는 주체를 자신에게 두는 것이고, '네 책임'은 자신의 한계를 염두에 두고 좋은 수업에 접근하려는 마음을 스스로 억제하는 것이다. 돌파구를 찾는 주체는 학교나 교육청이 아니라 교사 자신이어야 한다. 그런데 핑계를 댈 수 있는 여지가 학교 조직 문화 안에는 너무 많다. 이를 달리 말하면 교사의 성장을 저해하는 요인이 많다는 말이다. 멈춰 살아도 신상에 직접적인 타격을 받는 것은 아니다. 진심을 다한다고 하여도 길게 밀고 갈 수 있는 에너지를 주변에서 공급받기 힘들다. '한 아이도 포기하지 않는' 교육과 더불어, '한 교사도 포기 하지 않는' 혁신 교육은 될 수 없는지 묻고 싶다. '끌고' 갔던 시대에서 '타고' 가는 시대를 지나 이제는 '조종'하며 가는 시대임에도 불구하고, 여전히 교사가 변하지 않고는 수업 혁신이 이루어질 수 없다는 말을 반감이 두려워 섣불리 꺼내지 못하는 것이 과연 옳은 것인지에 대한 합의가 필요한 대목이다.

좋은 수업을 저해하는 또 다른 요인은 '권위'이다. '수평적 권위'가 팽배한 지금의 교직 문화에서는 전문성 신장을 통한 자존감 높은 수업을 꾸준히 전개하는 것은 일정한 한계를 지닐 수밖에 없다. 일정 부분 '수직적 권위'가 학교 문화에 자리해야 전문성 신장을 위한 유의미한 동료성이 발현될 수 있다. 최고의 연수는 단위 학교 안에서 교육에 관한 담론이 일상화되는 것에 있다. 이러한 일을 하자고 '전문적 학습 공동체'를 만든 것이 아닌가. 물론 이러한 논의는 선배 교사들이 먼저 그 책임을 무겁게 받아들여야 한다. 전문성은 경력이 쌓일수록 빛나야 하는 법이다. 하지만 학교는 그 반대이다. 매해 아는 것을 가르친다는 단순 반복을 통해 얼마든지 앎의 '유통 기한'을 연장할 수 있기 때문이다.

'새로운 가치의 창조적 파괴', '학생들에게 의미 있는 학습 경험 제공', '앎과 삶의 일체화'와 같은 인식을 갖고, 교과 협의 회의를 활성화하여 전문가로서의 위상을 갖추게 하는 일은 '자율성'과 '공적 헌신성'이 함께 할 때 그 성공 가능성이 높아진다. '자율성'과 '공적 헌신성', 이 두 가지는 나란히 함께 해야 한다. 이러한 인식을 이해하고 깨닫는 길에 인문적 사고가 자리한다. '인문학'을 학교 문화, 교직 문화에 보다 더 적극적으로 받아들여 내면화하는 작업이 필요한 이유이다. '무엇을, 어떻게'의 담론

만으로는 기나긴 교직 생활을 이끌고 가기 힘들다. 교육자로서의
철학을 강건히 하는 일은 결코 작은 일이 아니다.

수업에는
권력이 숨어 있다

학교는 교사에게 '안내자, 조언자'로서의 역할을 강조한다. '나를 따르라.'라는 구호보다는 동행자로서의 교사상을 바라고 있다. 하지만 교육의 태생적 특성상 그것을 받아들이기는 쉽지 않다. 시대 상황을 보면 지향해야 할 바이지만 실제에서 제대로 구현되는 모습을 찾기 힘들다. 한쪽에서는 '교권'이 무너졌다고 하고, 다른 한쪽에서는 학생의 '인권'이 중요하다고 서로 맞서고 있다. 둘 사이에서 적정한 지점을 찾지 못하고 있는 것이다. 현재를 보면 학생 편에 서는 것이 맞는 것 같지만 미래를 보면 고개가 갸우뚱해진다. 이러한 복잡한 싸움은 일단 접어 두고 여기서는 권력이 놓이는 교육과정의 실제를 짚어서 장차 상호 작용하는 아름다운 권위가 자리할 가능성이 있는지를 탐색해 보고자 한다.

교육과정을 만드는 사람은 1차 권력자이다. 그 교육과정을 담아 교과서를 만드는 사람은 2차 권력자이다. 그 교과서로 학생을 가르치는 교사는 3차 권력자이다. 학생은 그러한 권력자들이 뱉어 낸 언어의 홍수 속에서 정보를 습득하고 해석하는, 즉 추상화와 합리화의 과정을 거치면서 살아남기 위해 열을 올리는 피해자이다. 물론 모두가 무조건 피해자가 되는 것이 아니라, 피해자라고 스스로 느끼는 학생 정도로 한정할 수 있을 것이다.

2차 권력인 교과서가 무비판적인 교사로 인해 고스란히 학생들에게 전달되기도 하고, 3차 권력자가 2차 권력을 가공하여 학생들을 다양한 수단과 목적으로 압박하기도 한다. 어떠한 경우에도 권력이 잇닿는 지점에는 약자의 고통이 자리하기 마련이다. 권력은 휘두르는 자의 자기 고백적 언어가 아니라 당하는 자의 적대적 감정이 담긴 언어이다. 그래서 그 권력이 완충 작용 없이 곧장 학생에게 닿게 된다면 학생들이 교사를 대하는 인식은 부정적일 수밖에 없다. '교과서를' 가르치는 것이 아니라 '교과서로' 가르치라는 말을 하는 이유는 교사라는 제3의 권력자를 인정한 셈이다. 그런데도 교사가 합법적인 권력을 행사하지 않는다면 직접적인 피해는 학생에게 돌아간다. 교과서는 전국 모든 학생의 수준을 담보하는 만능의 선물은 될 수 없으니 말이다.

"준 대로 먹어!", "뭘 드실래요?" 이 두 문장을 보면 음식을 준비하는 자세, 만드는 과정, 그리고 그 맛에 이르기까지 모두 다를 것임을 짐작하게 한다. 다시 말하면 차이는 차별을 낳는다. 교과서는 '준 대로' 먹어도 되는 완전식품일 경우도 있고, 먹고 싶어 하는 사람의 구미에 맞게 요리할 수 있는 재료일 수도 있다. 개발자가 만일 모든 면에서 '완전식품'을 만들어 놓았다면, 일선 교사는 '자리'를 잃게 될 수도 있다. '무엇을 먹을지' 묻고선 그 요구에 따라 '기성품 음식'을 제공만 하면 되니 말이다. 도저히 불가능한 것을 학생들이 원하는 경우는 거의 없다. 그러니 그때그때 입맛을 고려한다거나, 양을 조절한다거나, 시기를 조절한다거나 하는 등 주어진 학습 목표와 학습 요소를 바탕으로 생동감을 불어넣어 주면 된다.

권력은 국민으로부터 나온다는 말처럼 교사가 학생들 입장에서 수업 자료를 만들고 이를 즐겁게 배울 수 있도록 디자인하는 것이 진정 제대로 권력을 행사하는 것이다. 제대로 된 권력을 행사하자. 피해자가 발생하지 않도록, 졸지에 가해자로 낙인찍혀 졸음에 겨운 눈총을 맞지 않도록 하자. 그러려면 만사를 제쳐 놓고 교과서라는 대본을 가지고 촬영을 해야 한다. 수업의 설계에서부터 수업 디자인, 그리고 과정안 작성, 활동지 제작과 같은 일들이다. 권력을 오래오래 유지하려면 지배를 당하는 것보다 더 힘겨운 고통을 감수해야 한다. 그럴 수 없다면 권력을 포기해야 한다.

교과서는 여전히 권력의 실체이다. 그래서 교과서를 손에 쥔 교사는 학생 앞에서 권력을 행사한다. 하지만 교과서, 그 안에는 생명력이 없다. 글과 그림만 있을 뿐이다. 그때 생명을 불어넣는 이는 교사다. 진정한 권력은 교과서와 학생 사이에서 유의미한 활동이 손쉽게 가능하도록 만들어 주는 것이다.

수업 성찰

교사가 학생들을 가르치는 데 있어 배움이 없어서는 안 된다. 그렇지만 또 배웠다고 해서 잘 가르치는 것도 아니다. 배움은 반드시 필요하지만 배움을 뛰어넘을 때 비로소 진정으로 가르칠 수 있다. 문제는 그 배움을 뛰어넘는 지점을 스스로 인지할 수 있느냐는 것이다. 이는 외부에서 그 배움을 뛰어넘도록 할 것도 아니고 단순히 경력으로 논할 성질도 아니다. 평생 교단에 있으면서도 배움을 뛰어넘지 못하는 경우도 있기 때문이다. '배움 너머'에 행복한 교실, 즐거운 수업이 저절로 펼쳐지는 것은 아니다. 그렇지만 평생을 교직에 몸담고 살아야 한다면 어느 시점에는 '배움 너머'에 도달해 있어야 한다. '배움 너머'의 그곳에서 머무르며 즐거운 수업을 하다 교단을 떠날 수 있다면 얼마나 행복한 일인가. 마침내 '배움 너머'에 도달하기 위한 교사로서의 삶은 어떠해야 하는지를 스스로 점검해야 하는데 그것이 바로 '수업 성찰'

이다.

　교사의 수업을 어느 한 관점으로 읽어 내 재단하는 것은 어려운 일이다. 수업은 연속성을 지닌 탓에 어느 한 시점을 가지고 전체를 규정하기 어려울 뿐더러 교사 앞에 놓인 환경이 제각각이어서 상황에 따라 얼마든지 다른 평가가 가능하기 때문이다. 그런 탓에 수업을 돌이켜 보고 새롭게 거듭나려는 노력의 양상은 매우 다양할 수밖에 없다. 전문가의 피드백을 통해 성장하기보다는 제 스스로 일정한 주기에 따라 어떤 평가를 하다 보면 차츰 한 방향으로 나아가는 자신을 발견하게 된다. 즉 교사의 성장은 외부의 강렬한 자극에 의해서라기보다 자기 스스로 변화하려는 의지가 강하게 작용하는 것이다. '자기 주도적 학습'을 학력 향상의 으뜸으로 인식하는 것과 같은 맥락이다.

　초심이 희미해질 무렵에 위기가 찾아온다. 적응기를 지나, 안정감을 찾게 되면 부담에서 벗어나고자 하는 욕망이 도래하기 때문이다. 당연히 그 시기를 즐길 필요가 있다. 교과서에서 벗어난다거나, 참고서를 내던지고 세상 속에서 교육적 담론을 발견하는 재미를 느끼며 잠시 외도해도 된다. 그렇더라도 최소한 '인문적 사고'는 필요하다. 교육에 대한 근본적인 질문에 스스로 답을 해 보는 것이다. '교육은 희생이다.'나 '좋은 수업은 나눔이다.'와 같은, 현재 자신이 사고하고 있는 생각을 몇 줄의 문장이든 아니면 짧은 글이든 기록으로 남기려는 노력을 해 보라. 훗날 10년, 20년, 30년이 지날 무렵 다시 그 글들을 읽어 보면 자신의 교육관이 변해 온 흐름을 발견하게 될 것이다.

안정감 속에서의 여유는 교육을 바라보는 안목을 넓게, 그리고 길게 보게 하는 계기로 작용해야 한다. 그렇지 않고 고만고만한 일상에 매몰되어 산다면 위기 아닌 위기가 도래하기 쉽다. 다이어트를 시작하여 성공했다고 하더라도 일정한 시간이 지나 잠시 느슨해지면 요요 현상이 나타나는데 교사에게 있어 이 시기는 바로 교직 5년 내외가 아닐까 생각한다.

'깨달음'에서 '인식의 변화'를 지나 '자기 주도적인 교사'로 자리매김하기까지는 꽤 오랜 시간이 걸린다. 필자의 삶을 돌이켜 짐작해 본다면 20년 정도 걸린 듯하다. 교육 패러다임의 획기적 전환 여부에 따라 인식의 충격 정도는 사람마다 다를 수 있다. '깨달음'은 깨닫고자 하는 사람에게 수고의 결과로 주어지는 법이다. 그 누군가의 깨달음을 간접적으로 받아들이는 방식으로는 도저히 얻을 수 없다. 자기 주도적 에너지를 지속적으로 생성해 낼 수 있는 사람만이 깨달음을 자신의 것으로 새롭게 만들어 낼 수 있다.

'배움 너머'에 자리하는 그것이 무엇인지 한번 찾아 나서 보자. 분명 자신의 정체성을 찾아 자존감 높은 수업이 가능하게 하는 팁이 자리하고 있을 것이다. 이는 철저히 개인적이어서 어느 하나의 일반화된 언어로는 표현이 불가능하다. 하지만 그것이 있음으로 인해 교사로서의 삶이 그런대로 행복할 것은 분명하다.

수업 공개

수업 공개는 건강 검진을 받는 것과 같다. 건강 검진을 위해 우리가 일정 금액을 지불하는 것과 같이 수업 공개를 위해서도 당연히 물리적, 정신적 수고를 지불해야 한다. '절차적 준비'로서의 수고와 열린 마음이 그것이다.

수업 공개를 '언제, 어떻게, 어떤 내용을 가지고 어디에서 하느냐' 하는 등의 기본적인 절차를 바탕으로 준비에 소홀함이 없는 수업 공개가 되는 것이 중요한 것은 아니다. 교사 앞에서만 잘하는 것은 수업을 공개하는 본질이 아니기 때문이다. 진정 바라는 바는 '왜' 하는가에 대한 의문이 자신의 마음에 먼저 자리하는 것이다.

수업 공개에서는 '있는 그대로를 보여 주자.'는 생각을 해야 한다. 평상시와는 다르게 '꾸밈'이 들어가고 '쇼'를 하고, 안 하던 '짓'을 하는 것은 자기를 속이는 것이다. 마치 거짓 검진표를 작성하는 것과 같다.

'수업 공개를 하자.'는 요구가 반감을 사는 이유는 수업 공개를 해 봤자, 흔히 하는 말로 하나 마나 하기 때문이다. 교사들은 수업 공개에 있어 참관자가 되기도 하고 공개자가 되기도 하면서도 서로 수업 공개 무용론을 이야기한다. 서로가 서로에게 하등 도움을 주지 못한다는 것을 스스로 시인하고 있는 꼴이다. '형식적이다. 그러니 나 혼자, 내 방식대로 한다.'라고 고집을 부리는 것이다.

간혹 텔레비전에 나오는 의학 드라마를 보면 수업 공개와 비슷한 장면이 나온다. 물론 드라마의 속성상 대부분이 갈등 양상과 얽혀 나오지만 의사들끼리 수술하는 것을 보면서 서로 토의하고 있음을 알 수 있다. 배움이 자리하는 순간이다. 무언가를 애써 가르치고 있다고 생각되지는 않는다. 보는 것을 통해 스스로 배움이 일어나고 있음을 알기 때문이다.

수업 공개는 공개하는 교사도 중요하지만 어쩌면 참관하는 교사에 대한 가르침이 더욱더 크지 않을까 싶다. 한 번의 수업 공개로 같은 교과, 같은 학년의 교사가 그 수업을 다 볼 수 있다면 훨씬 많은 사람에게 배움의 기회를 제공하는 것 아닌가. 우리가 수업 공개를 하는 것은 공개하는 사람에 대한 지도의 목적도 있지만 참관자가 스스로 배우게끔 하는 것에도 목적이 있다.

평소에 자신의 수업과 관련해 뭔가 꺼림칙한 측면이 있었다면 수업 공개를 하기 전에 미리 관찰자에게 말을 하여 그 점을 특히

눈여겨봐 달라고 하면 좋다. 또한 굳이 한 시간에 여러 수업 모형을 보여 주거나 다양한 장르의 전략을 한꺼번에 보여 주려고 하지 말자. 몇 회로 나누어 각기 다른 상황, 다른 수업 형태를 보여 주며 최선의 수업을 함께 만들기 위한 자세를 가지는 것이 더 중요하다.

수업 공개는 자신의 격을 높이고 자기 수업의 수준을 한 단계 높일 수 있는 최선의 방법이다. 만일 수업 공개가 여의치 않다면 자신의 수업을 녹화해 그것을 수석 교사에게 보여 주라. 부끄러운 일이라 생각해서 주저될 수 있으나 수업을 듣는 학생들을 생각한다면 그리 어려울 일도 아니다.

교육과정을
대하는 태도

교육과정이 바뀌었다. 큰 틀에서 보면 광복 이후 9번째쯤 될 듯하다. 하지만 개정 교육과정을 손금 보듯 살피기 쉽지 않은 것이 현실이다. 이유인즉, '꼼꼼하게 읽지 않아도 교직 생활을 하는 데 큰 불편이 따르지 않는다.'거나 '교육과정을 모른다고 하여 낭패를 본적이 없다.'거나 '교육과정이 학교 현실에 직접적으로 도움을 주지 않기 때문이다.'거나, 아니면 의도적으로 '인정하기 싫다.' 등 이유도 가지각색이다. 물론 교사의 게으른 탓도 있을 것이다.

사실 학교 현장에서는 선배 교사가 '움직이는 교육과정'의 역할을 하기도 하여 관행에 따라 교육과정이 무리 없이 전수되기도 한다. 물론 과목별 시수나 교사 수급에 영향을 주는 요인들은 여러 이해관계가 얽히기 때문에 초미의 관심사가 된다. 하지만 내용 체계나 성취기준과 같이, 교수·학습에 직접적으로 영향을 주는 것들에 대해서는 그리 신경을 쓰지 않는 것이 현실이다. 이는 교육과정의 문제가 아니라 교사가 그러한 것들을 교사 개개인의 몫으로 인식하고 있기 때문이다. 더구나 교육과정을 가르치는 것이 아니라 교과서로 가르치기 때문이라는 그간의 인식이 이어져 온 탓도 있다. 그러다 보니 교육과정은 교과서를 개발하는 사람들만이 주로 적극적으로 살피게 되었고, 교사는 그들이 만든 교과서로 가르치기만 하면 되었다.

이런 까닭으로 교과서를 수업에 구체적으로 적용하는 단계부터는 철저하게 교사 개인의 역량으로 해결해야 한다. 그래서 교육과정이 바뀌면 교사 역시 그에 걸맞은 인식으로 거듭나야만 한다. 이미 몇 차례 교육과정이 개정되었는데 자신은 여전히 과거의 교육과정에 머물고 있다면 그 부담은 고스란히 학교나 학생들에게 돌아갈 것이다. 그럼에도 불구하고 굳건히 고집을 부려 자신의 변함없는 교수 행위를 지속하는 교사라면 결코 환영받아서는 안 된다. 하지만 이러한 상황을 바로잡을 강제 조항이 마땅히 없다. 젊은 교사들을 중심으로 이러한 변화를 따라가려는 시도를 하지만 교직 사회는 혼자로는 감당하기 쉽지 않은 조직이라 그 시도는 금세 시들기 마련이다. 결국 타협할 수밖에 없다. 이런 현실을 감안하여 '교원 평가'를 통해 교사의 변화를 강제하려는 시도를 하고 있으나 역시 성과를 거두지 못하고 있다. 바람직한 방향은 교수·학습의 기술적 측면을 강조하는 각종 연수보다 교직 사회의 나눔의 정신, 인문적 사고, 교육 친화적 담론과 같은 분위기 조성이 선행되도록 하는 것이다. 그런 다음에야 교사의 자발적 노력으로 변화와 혁신이 이루어질 것이다.

고인 물은
썩는다

    예로부터 우리 조상들은 각종 장아찌를 만들어 먹었다. 오래오래 두고 먹을 요량이었을 것이다. 그 안에는 멈춤이 자리한다. 물론 겉으로는 멈춰 있는 모습일지라도 그 안에서는 숙성되어 고유의 맛을 품고 때맞추어 제 모습을 드러낸다. 인고의 산물로 썩지 않고 되살아난 것이다. 장아찌가 썩지 않고 밥상에 오를 수 있는 이유는 당연 소금 때문이다.

    우리가 썩지 않았음을 보이기 위해서나 우리 스스로 자존감 높은 삶을 살기 위해서는 소금기 있는 삶을 살아야 한다. 햇볕 쨍쨍 내리쬐는 곳에서 비로소 생산되는 그 결정체를 우리 안에 하나씩은 가지고 있어야 한다. 항아리에 담긴 채소류나 생선류가 인고의 시간을 소금과 함께 보낸 덕에 본래의 모습에 가치를 더해 되살아나듯, 비록 고인 물이라 하더라도 향기 듬뿍 묻은 정신을 뱉어 내 동료애를 발휘한다면 두고두고 반찬이 되어 되살아가는 재미를 느낄 것 아닌가. 이젠 '앎'의 굴레에 갇혀 허덕이지 말고 '삶'으로서 값을 대신할 때이다. 그것이 반드시 어떤 결과물일 필요는 없다. 학교 안에서 소금으로 쓰인다면 굳이 높고 낮음을, 많고 적음을 논할 필요가 없다.

'고인 물'이 썩는 이유는 물에 '이끼'가 끼기 때문이다. 이끼는 우묵한 곳에 자리한 탓에 쉽게 밖으로 나아가지 못하고 안에 갇혀 살기 마련이다. 그런 탓에 갈수록 커져서 잘 움직이지 못하고 소통이 뜸한 곳에 주로 서식한다. 그래서인지 대체로 '갑'에 속하기 쉽다. '구르는 돌에는 이끼가 끼지 않는다.'고 한다. 지속적으로 움직여 나아가니 기득권을 주장할 여지도 없고 늘 새로운 것을 접하면서 살기 때문에 신선하다는 의미이다.

'고인 물'로 산다는 것은 태생적으로 아름답지 못하다. '멈춤'은 주변으로부터 불편한 존재가 된다. 그 누구에게든지 대접만을 받는 위치에 자리하기가 쉽기 때문이다. 이유 여하를 막론하고 '고인 물'이 되어 교단을 지킨다는 것은 환영받지 못할 일이다. 그렇기에 '고인 것'이 무엇인지를 밝혀 스스로 웅덩이에서 벗어나려는 노력이 필요하다. 즉 경계인의 자세가 요구된다. 이쪽에 박히지도 않고 저쪽을 도외시하지도 않는 태도 말이다.

썩어 거름이 될 삶을 살았다면 감동할 일이다. 하지만 과연 썩어 거름이 되어 토양을 기름지게 할 만한 세상인지, 그럴만한 교육 환경인지는 의문이다.

8부

오늘도
계속
혁신합니다

지금으로부터 20여 년 전, 7차 교육과정이 시행될 때 대안 교과서 개발에 참여했다. 그때는 국정 교과서에서 검인정 교과서로의 전환을 요구하는 시대였다. 당시 좋은 교사상은 '학생들에게 의미 있는 학습 경험을 제공하기 위한 방향으로 움직이고 있는가?' 하는 것이었다. '학생을 교실 수업의 주체로 인식해야 한다.'거나, '교과서를 가르치지 않고 교과서로 가르쳐야 한다.'거나, '훌륭한 교사는 잘 가르치는 교사가 아니라 학생이 잘하도록 도와주는 조력자상을 가져야 한다.'는 주장이 변화의 구호였다. 한 발 더 나아가 21세기를 맞이하는 시대상을 반영하여, '학생들에게는 나를 발견하게 하고 교사들에게는 너를 알게 하여 나와 네가 동행자로 서는 것'이 교사 교육과정의 출발점이라고 선언하기도 하였다.

　지금은 어떠한가. '교육과정-수업-평가-기록'의 일체화를 화두로 삼아, 독서 토론 수업, 인성 중심 수업, 수행 과정 중심 평가, 배움 중심 수업 등이 혁신이라는 이름이 붙은 교수·학습 전략들이다. 20여 년 전에 요구했던 것과 견주어 보면 결코 새로운 것이 아니다. 혁신은 새로움이 아니라 발견이다. 하고 싶은 것을 하는 것이다. 안 되는 것을 혁신에 담아 끈다고 되는 것은 아니다. 하고 싶은 것을 하게 하는 것이 혁신이어야 하는데, 하기 힘들지만 해야 하는 것으로 인식하기 때문에 혁신이 안 되는 것이다.

혁신은 외부의 가르침이 아니라 내부의 자생력이다. 그렇기 때문에 '혁신되는 것이 아니라 혁신하는 것'이다. '새로움'이 아니라 '깊어지는 것'이다. 교육자로 살아가는 여정의 어느 단계쯤에서 새로운 그 무엇이 보여, 그것을 향해 '도전하는 일'이다.

불편할 수 있는
용기를 지녀라

마음에 흡족하지 않으면 불만을 갖기 마련이다. 모자람 없이 충분하고 넉넉하면 만족한다. 그래서 불만을 가진 사람이 혁신의 주체가 되는 경우가 많다. 그러므로 불만이든 불평이든 이는 과정일 뿐, 어떤 결과를 낳을지는 시간이 지나고 나서야 알 수 잇다. 그러니 섣불리 예단하여 선을 긋는 것은 삼가야 한다.

'불만'이 생각으로 그치지 않고 표출되는 것이 '불평'이다. 그 불평이 쌓여 관계망을 부정적인 방향으로 결정하면 '불편한 관계'가 된다. 불편하려면 용기가 필요하다. 또한 조직 내에서 일정한 위치를 점해야 한다. 그것이 아니라면 외곬으로 빠지면 된다. 그래서 이 길이 제 갈 길이라 확신하면 도전해야 한다. 대안도 제시해야 한다. 근시안적이어서는 안 된다. 현실이니 이상이니 하는 이분법적 굴레에 얽매이지 않아야 한다.

대신 어떤 일을 하든지 '무관심'으로 일관하는 사람은 불편하지 않아야 한다. 불편하다고 불평했다가는 입방아에 오르기 쉬우니 말이다. 그러니 적당히 협조하는 것이 좋을 수 있다. 하지만 이런 생각을 갖고 살려면 여간 인내심이 필요한 것이 아니다. 매사 절반의 선택이 강요되기 일쑤이니 말이다.

이렇듯 두 삶의 유형이 존재한다고 했을 때, 이래도 불편하고 저래도 불편하다면 어떻게 할 것인가. 불편하기 싫어서 무조건 협조만 한다면 가중된 업무에서 벗어나지 못할 것이요, 그것을 거부한다면 후환이 걱정되기도 하니 선택을 잘해야 한다. 한번 선택한 그 길은 오랫동안 자신의 여정을 지배할 것이니 말이다.

위정자들을 포함한 높은 지위의 관리자들은 하나같이 아랫사람들이 일은 안 하고 불평만 한다고 생각한다. 아랫사람들은 관리자들은 언제나 지시하고 명령만 한다고 생각한다. 관리자가 되기 전과 비교하며 변했다고 한다. 지위가 높아질수록 더 긍정적인 평가를 받지 못하는 이유는 '자리'라는 한계 때문인 것은 확실하지만, 그렇다 해도 불만은 갈수록 늘어난다.

초년 시절에는 불평을 할 수도 없다. 열심히 하면 되는 것이니 지시하면 따르고 부탁하면 들어주면 된다. 그러니 초임 때 자신의 의견을 관철하려 하고, '내 일'만 하고 도우미 역할을 하지 않으면 선배 교사의 견제와 미움을 받을 것이다. 물론 교육의 본질에 해당하는 것을 확실하게 한 연후 그 밖의 부분에 대해서 자신의 철학을 드러내 행동을 하는 것은 발전 가능성에서 가장 높은 점수를 줄 수 있으나, 기본이 부족한 가운데 권리만 주장하는 것이라면 경우가 다르다.

'불편하기 쉬운 세상'이라고 말을 하는 것은, '불평을 늘어놓자.'는 것과는 다르다. 불평은 예나 지금이나 조직 사회에서는 늘 있는 것이다. 여기서 말하는 불편은 불평의 발전적 형태로의 접근을 의미한다. 관리자가 시켜도 그 일이 옳지 않다면 거부해 보자. 불편을 감수하자는 것이다. 그렇다고 모르쇠하자는 것은 아니다. 돌아올 부메랑을 의식해서 더욱더 철저하게 최선을 다해야 한다. 그렇지 않고 뒤에서는 불평을 하고 앞에서는 긍정의 몸짓을 취하는 것은 답이 아니다. 그럴 바에는 아예 대놓고 불평을 해서 불편한 관계를 고착화하는 것이 낫다. 이런 불편한 관계를 이용하는 경우도 있다. 관계가 불편해지면 오히려 이득이 생기는 부분이 있기 때문이다. 지시하는 관리자 입장에서 불편한 사람에게 일을 시키면 싸움만 날 것이라 생각한다. 그러니 아예 모른 척하고 고분고분한 사람에게 다가가 일을 부탁하기 일쑤이다.

하지만 불편함을 이렇듯 이용하는 것은 바람직한 자세는 아니다. 학교 조직은 관리자와 교사만으로 이루어진 것이 아니기 때문이다. 둘 사이에는 학생이 자리한다. 불편을 감수하는 것은 자신 때문이 아니라 학생 때문일 때 정당성을 가진다. 학생에게 피해가 가기 때문에 불편하다고, 수업에 문제가 생기기 때문에 문제가 있다고 해야 한다.

관리자의 지시, 그것이 부당한 것인지 합당한 것인지 따져 자신의 생각대로 행동해도 되는 세상이다. 우리 사회에 수평적 권위가 더욱 확산되고 있으니 말이다. 과거에도 이런 생각을 품은 사람이 있었겠지만 지금은 몸소 행동으로 보여 줄 수 있다. '내 삶'이 더 중요하다고 생각하기 때문이다. 일만을 위하여 사는 것이 아니라 자신의 행복이 일보다 중하다는 인식이 자리한 탓이기도 하다.

그렇다고 잘난 체하거나 남을 낮추어 보듯 건방지게 굴지는 말자. 불편한 관계를 의도적으로 만든 것에 '건방'이 자리한다면 큰일이다. '의도적인 불편'이 부당한 것을 원천 차단하려는, 올곧은 사명을 가지려는 인고의 결과라면 힘써 즐기는 마음으로 다가서자. 또한 선배 교사의 교육적이지 않는 요구를 저자세로 받아들여 마음고생하기보다는 당당하게, 불편하더라도 수용할 수 없다고 의견을 피력하는 것으로 불편해지자. 그 선배 교사가 자신의 교직 생활을 대신해 줄 수 없으니 제 갈 길 가는 것이 현명한 판단 아닌가.

가르치는 시대의
종말

　우리는 지금까지 수업을 어떤 의미로 받아들였을까? 여러 사전에 제시된 수업의 의미를 짚어 보면, 수업은 '1. 교사가 학생에게 지식이나 기능을 가르쳐 줌. 또는 그런 일', '2. 학습을 촉진시키는 모든 활동', '3. 학습이 일어날 수 있도록 학습자의 내적 및 외적 조건을 체계적으로 조정하는 과정', '4. 목표를 달성하기 위해 학습이 잘 이루어지도록 환경을 계획적으로 조작하는 과정', '5. 교사가 학습자에게 지식이나 기능을 가르쳐 주는 행위이며, 능력을 향상시키거나 가치관을 형성시키는 교육적인 활동'을 의미한다.

　이처럼 수업의 의미가 다양함에도 불구하고 지금껏 우리는 대체로 '1.'의 의미에 국한하여 수업을 바라보았다. 이제는 수업을 '2.'의 학습 촉진, '3.'의 조건 조정, '4.'의 환경 조작, '5.'의 가치관 형성이라는 다양한 면들을 고려해 '가르침'이라는 단순한 역할에서 벗어나 볼 필요가 있다. 그렇다고 가르침이 나쁘다는 것이 아니다. 수업의 여러 의미를 고려하여 교사 일방이 주도하는 것이 아니라 학생 스스로 주어진 과제를 해결하게끔 환경을 조성해 주고 멘토 역할에 충실하자는 것이다.

교사 주도의 주입식 수업을 하는 교사, 주어진 교재로 진도만 나가는 교사들로서는 미덥지 않은 요구이다. 하지만 학생들이 활동을 하게 하고 이를 위해 교사가 멘토의 역할을 감당한다면 학생들을 위한 진정한 수업이 될 것이다. 학생들끼리 토의·토론하면서 시끄럽게 떠드는 것이 학생들이 한 시간 내내 졸거나 아예 맘 편히 자는 것에 비한다면 훨씬 낫지 않은가. 한마디로 수업은 지식을 쑤셔 넣는 것이 아니라 스스로 끄집어내는 것이다.

능력보다는
역량을 키우자

능력을 키우는 공부와 역량을 기르는 공부의 차이는 무엇일까? 문제 해결의 속도가 빨라지고 실수가 줄어드는 것은 능력의 범주이다. 아는 것이 늘어난 것이다. 하지만 역량은 그 능력을 통해 알아야 할 것이 늘어나고, 모르는 것이 많아짐을 알게 하는 것이다. 능력의 마지막이 '끝'이라면 역량의 마지막은 '시작'인 셈이 된다. 모르는 부분을 더 학습하고, 새로운 문제점을 찾아보고, 친구들과 함께 문제를 탐구하는 것은 역량을 키우는 활동이다. 대입에 성공하는 것은 능력을 발휘한 결과이다. 또한 각종 대회에서 수상을 하거나 1등급을 받는 것도 능력이 뛰어남을 증명받은 것이다. 주어진 틀 안에서 길러진 화초인 셈이다. 그렇다고 무조건 틀을 박차고 나가라는 말은 아니다. 기본적인 능력도 갖추지 않고 틀을 벗어나면 보호받지 못한 탓에 잡초로 인식되어 '제초제'의 쓴맛을 경험하기 쉽다. 역량은 능력을 기르는 환경 속에서 차츰차츰 길러야 한다.

능력을 바탕으로 보다 어려운 문제나 새로운 일에 도전하는 것은 역량을 키우는 것이다. 역량은 기본적으로 도전과 용기를 수반한다. 처음 하는 일임에도 과감하게 시도해 보는 것, 알고 있는 지식을 친구들과 공유하며 협력하는 것, 세상 여행을 하며 다양한 친구를 사귀고 많은 책을 읽는 것은 모두 역량을 키우는 매우 중요한 활동들이다. 자기 주도적 학습을 일상화하고, 인문적 사고를 바탕으로 문제의식을 가지며 공감력을 기르는 것도 마찬가지이다.

그렇다고 능력을 경시해서는 안 된다. 능력은 기르되 그것이 발휘되는 시기가 10여 년 뒤가 될 가능성이 크다는 점만 기억하면 된다. 설익은 열매는 맛이 대체로 시다. 하지만 잘 익도록 놔두면 나도 모르게 단맛을 내는 때가 있다.

조용한
교실은 가라

평상시의 '조용히 해.'와 수업 중의 '졸지 마.'는 그 차이가 극
명하다. 경험에 의하면, 대체로 학교생활에서 주위가 산만한 친
구는 사고를 칠 확률이 낮다. 어느 한구석에서 조용히 혼자 공부
만 하거나 친구가 그리 많지 않은 학생을 다루기가 더 힘들다. 학
생들이 막무가내로 떠들고, 적당히 문제를 일으키는 것은 자연스
러운 현상이다. 많은 것을 경험한 교사의 입장에서는 과정을 생
략하고 그 결과인 답을 제공하고 싶어 할 것이다. 그래서 학생들
을 통제하는 것이지만, 시행착오 없이 얻은 결과는 언젠가 문제
가 생길 수 있다는 것을 잊지 말아야 한다. 작은 것에도 관심을
가지고, 하찮은 것에도 웃음바다가 되는 성장기 아이들의 자연
스러운 일상을 받아들이고 이를 적절히 이용하면서 답을 구해야
한다.

더욱더 떠들게 해 보자. 통제 불능의 상태란 과연 어느 정도인

지도 경험해 보자. 그래서 학생들과 협상도 해 보고, 학생들이 스스로 통제하려는 가능성도 시험해 보자. 무엇을 가지고 떠드는지, 어떤 방식으로 노는지, 그 과정에 어떤 법칙이나 규칙이 있는지도 짚어 보자. 나날이 반복되는 일상임에도 그 난장판에서 다루어지는 소재가 끊이지 않고 줄기차게 이어 오는 힘은 어디에 있는지도 밝혀 볼 일이다. 그 안에 답이 있을 듯도 하니 말이다.

지금껏 공부는 '조용히'를 전제로 했다. 머릿속에 지식을 고스란히 담으려면 잡념이 없어야 한다고 생각했기 때문이다. 암기하고 구조화하는 데 필요한 지식 이외의 것은 하나같이 방해 요소로 인식했기 때문이다. 그래서 귀에 이어폰을 꽂고 공부하는 것을 옳지 않은 것으로 보았고, 여럿이 같이 묻고 답하고 있으면 마땅치 않은 눈으로 보았던 것이 사실이다.

아이들이 졸거나 아예 자는 것보다는 떠들고 나대는 것이 낫다고 생각하자. 그러면 언어 구사 능력이라도 길러지니 말이다. 낮 시간에 충분히 잔 덕분에 집에 가서 잠이 오지 않아 늦도록 딴짓을 한다면 그 책임은 고스란히 교사의 몫이 될 수도 있다. 그럴 때는 딴짓하는 것을 자기 주도적 활동이라고 위안해 보자. 떠드는 것을 토의와 토론, 논쟁으로 받아들이자. 짝과 하염없이 이야기하는 것을 짝 토론의 단면이라고 긍정해 보자. 큰 소리로 떠드는 것은 주장하는 것이라고 이해해 보자. 이리 갔다 저리 갔다 하면서 산만한 학생은 아주 적극적인 학생이라고 포용해 보자.

교사가 행복한 수업을 하려면 이렇듯 우리의 생각을 고쳐야 한다. 이야깃거리를 의도적으로 제공해 주고 떠들면서도 반드시 지켜야 할 덕목을 가르쳐 주어, 한 시간 한 시간 의미 있는 수업 이 되게 하자.

역할 총량을
줄여라

학교는 사회의 여러 구조 중에서 가장 세련되지 못한 곳이다. 동시에 시스템 면에서도 시대의 변화에 민감하게 반응하지 않는 곳이다. 또한 이해관계 면에서도 가장 단순한 집단이 모여 사는 곳이다. 그런 만큼 변화에 수동적이고, 그 공간에서 이루어지는 활동은 창의성을 발휘하기보다 대개가 비슷하다. 일상은 반복의 연속이다. 학교가 거대한 감옥이라고 인식되는 것도 이러한 맥락 때문이다. 물론 본질적으로 학교는 상하가 분명한 두 집단이 모인 곳이니 여러 계층의 다양한 개성이나 유행을 손쉽게 수용하지 못하는 경향이 강할 수밖에 없다.

학교는 민원을 처리하는 기관이 아니다. 새로운 고객을 대상으로 그때그때 임기응변할 것도 거의 없는 편이다. 그렇기 때문에 외부의 영향이 심하지 않다. 역량 평가가 본질적으로 어렵기 때문에 성과에 대한 피드백의 부담이 크지도 않다. 한마디로 회사에 비해 심적 고통은 덜하다. 물론 학교에 따라, 놓인 자리에 따라 천차만별의 개인차가 없는 바는 아니나 대체로 그렇다는 말이다.

이처럼 학교에 대한 내외적 인식을 장황하게 피력하는 것은, 교사의 역할이 질적으로는 그리 복잡하지 않은 구조 속에서 기능한다는 것을 말하기 위함이다. 수업을 가운데 두고 그 앞뒤, 양옆에 생활 지도가 있을 뿐이다. 물론 공문 처리, 학급 운영, 교육 과정상의 각종 활동 지도까지 교사는 온종일 쉴 사이 없이 일해야 하는 것이 현실이기는 하지만 교사의 역할로 수업과 생활 지도, 이 두 가지는 절대적이다.

교사로서의 역할, 그 핵심은 수업이다. 그런데 그 수업이 잘되는 데는 그 이전의 교사 활동에서 결정된다고 봐야 한다. 철저한 계획, 긍정의 마인드 구축, 학생과의 관계 개선, 패러다임의 변화에 대한 이해, 교육 철학의 확립 등 수업을 둘러싸고 있는 시스템을 받아들여야 비로소 잘되는 수업이 가능해진다.

그러기 위해서 말하고 싶은 것은 학교에서 도맡아야 할 역할(직무의 범위)을 줄이자는 것이다. 등교 시간에 늦은 학생을 지도하는 역할을 학부모가 담당하게 하자. 학생과 교사 간의 불편한 관계를 초래하는 원인을 제거하자는 말이다. 자율 학습 지도를 강제하고, 방과 후 학습을 반의무적으로 참여하게 하는 것 역시 관계를 불편하게 하는 요인이다.

그러나 만약 관계가 불편하다면 책임감을 가지고 접근해 보

자. 수업과 생활 지도를 전제로 학생의 생활에 더 가까이 다가가자. 좋은 관계만 형성이 되면 입맛이 없어도 밥맛으로 맛있게 식사할 수 있지 않겠는가. 교사로 사는 삶이 힘들다고 생각하는 이유는 하는 일이 힘들어서가 아니라 학생과의 관계, 동료와의 관계 때문일 것이다. 그러니 그 관계만 개선된다면 그래도 할 만한 노릇 아니겠는가.

상전은 교장이 아니라
자신이다

"나는 절대 집에 일감을 가져가지 않는다. 오로지 학교에서 다 해결한다. 학교를 벗어나면 학교를 잊어버린다."라고 당당히 주장한다면, 한마디로 능력자이다. 주어진 시간에 모든 것을 해결한다니 얼마나 대단한 능력인가.

반대로 이렇게 되짚어 보자. "나는 학교에서는 전혀 개인적인 일을 처리하지 않는다. 오직 수업에 열중하고, 교재를 준비하고, 공문을 처리하는 등의 일 외의 사적인 일 때문에 근무 중에 외출이나 연가를 절대 사용하지 않는다."라는 말이다. 역시 말로 형용할 수 없을 정도의 대단한 능력자이다. 만사 완벽하지 않고서야 어찌 일상 근무 중에 사적인 일을 하지 않는다거나 사적인 생각에 사로잡히지 않을 수 있단 말인가. 정말 가능할지 의문이 든다. 근무 중에 친구나 가족이 전화를 걸어와 그 전화를 받았다면 이를 어떻게 봐야 하는가.

'내 몸'은 가장 큰 복덩어리면서도 때로는 가장 모시기 힘든 존재이다. 그 이유는 1분 1초도 늦지 않고 곧장 기쁨이나 고통을 전해 주기 때문이다. 어느 지인이 운명했을지라도 연락이 되지 않는 한 신경 쓸 일이 아니다. 가족 중에 누군가 지독하게 아프다 해도 잠시 잊고 살 수 있다. 그러나 '내 몸'은 그렇지 않다. 머리가 아프고, 몸이 말을 듣지 않고, 짜증 나는 일들은 고스란히 지금 '나'에게 전해진다.

우리가 수업 혁신을 꾀해야 하는 이유는 이렇듯 상전인 내 몸과 마음을 잘 모시기 위함이다. 교사로서 학생에게 이바지하는 것보다, 부모가 자식에게, 자식이 부모에게 이바지하는 것보다 더 귀한 것이 바로 자신이 자신을 잘 모시는 일이다. 자신 스스로 행복해질 수 있는 원인을 찾아 행복이라는 결과를 몸소 체험해야 한다.

학생들에게 짜증을 내면 자신의 몸에 스트레스가 쌓이고, 주어진 능력이 부족하여 핀잔을 들으면 갈등의 골이 깊어지니 또한 자신을 핍박하는 꼴이다. 그렇게 되면 만사가 귀찮아 결국 자신에게 불충한 것이 되니 이는 도리에 어긋난 이치 아닌가. 그 무엇보다, 그 누구보다 상전인 내 몸을 교단에 서 있는 동안 잘 모시려면 자신을 둘러싸고 있는 수많은 인적·물적 자원들과 좋은 관계를 맺어 두어야 한다.

나이를 먹을수록 몸과 마음은 점점 까다로워진다. 그러니 누군가에게 의탁하여 살 수 없다면 내 신체의 일부인 왼손이 스스로

종이 되어 상전인 오른손을 위하듯, 학생들과의 소통 방식에 문제가 있다면 얼른 새로운 소통 방식을 배워 몸과 마음이 탈 나지 않게 하는 것이 지혜로운 자의 자세가 아니겠는가.

노후 생활을 행복하게 하기 위해 적금을 들고, 적당히 운동을 한다거나 지인들과의 관계를 지속적으로 유지하는 것들이 하나같이 자기 스스로 '상전'의 자리에서 여생을 즐기려는 발상이다.

하지만 상전이라고 할지라도 모든 능력을 갖춰 자기 주도적인 상전이 되는 것이 가장 편하다. 아무리 지체가 높다 할지라도 가장 기본적인 인간의 욕구나 생리 현상을 종에게 시킬 수 없기 때문이다. 제 스스로 할 수 있는 능력을 키우는 것이야말로 가장 완벽하게 상전이 되는 길이다. 그러니 다른 이를 시켜 부리지 않고 자기가 손수 해결함으로써 더욱 커다란 행복을 누려 보자. 받기만 하는 상전이 아닌 베푸는 상전이 되어 보자.

Made by me

    물건을 고를 때 중요하게 살피는 조건이 두 가지가 있다. 하나는 원산지 표기이고 다른 하나는 유통 기한이다. 언제부터인가 원산지를 표시하는 것이 의무화되었다. 둔갑하지 말라는 말이다. 유통 기한은 그 기한이 지난 물건을 팔아서는 안 된다는 의미이다. 이 두 가지는 품질을 결정하는 1차적인 기준인 셈이다. 이런 맥락에서 교사의 삶을 볼 때 교사의 자존감은 든든한 '밑천'을 바탕에 두고 있는 'Made by me'가 아닐까 싶다.

    그렇다면 교사에게 있어 가장 중요한 밑천은 무엇일까? 타고난 바도 다르고 과목도 다양하고 추구하는 방향도 다르기 때문에 그 답은 천차만별일 것이다. 순자산이 탁월하다면 소위 '선생감'일 것이고 자산을 늘리기 위해 끊임없이 배움에 정진한다면 '모범 교사'일 것이다. 자산은커녕 부채만 안고 있지만 희망을 잃지 않고 노력한다면 '본받을 만한 교사'일 것이다. 하지만 이렇다

할 것 없이 오로지 '지식'만을 앞세워 가르침과 배움이 기능적인 면에 치우친다거나 어느 한방향만을 고집한다면 그것은 시대가 요구하는 밑천이 바닥난 셈이다. 한마디로 '내 것' 없이 살아가는 교사이다.

교사의 밑천은 한두 해 쓰고 말 것이 아니다. 그래서 긴 호흡을 가지고 준비해야 하고, 성급하게 어떤 결정을 내리지 않아야 한다. 교사 일방으로 이끌어서도 안 된다. 밑천이 바닥나기 전에 미리미리 연수를 통해 준비해 두어야 하고, 교육의 패러다임을 따라가기보다 한발 앞서 예측하려는 자세도 필요하다. 봄·여름·가을·겨울이 예고 없이 오는 법은 없다. 그러니 때와 상황에 맞게 자신의 밑천을 준비하는 것은 어렵지 않을 것이다.

'Made by me', 거의 유일하게 한 개인에게 부여한 권리이다. 'Made in Korea', 'Made in China', 'Made in USA' 등에는 하나같이 국가명이 붙어 있다. 어느 한 개인의 이름으로 제품이 나오지는 않는다는 말이다. 하지만 교사는 'Made by me'여도 된다. 그 어떤 것과도 바꿀 수 없는 절대적인 권력이다. 이것을 제대로 누리지 못한다면 그것은 무능력한 것이다.

혁신은 가죽을 벗겨 내고, 새살이 돋아나게 하는 일이니 어려운, 아니 불가능한 일인지도 모른다. 그만큼 힘들다는 말이다. 그럼에도 불구하고 어딘가에는 혁신하고 있는 사람이 있다. 그렇다고 그 사람에게서 '불꽃' 같은 이미지가 선명하게 보이는 것은 아니다. 감히 범접할 수 없는 기운이 그 사람에게 서린 것도 아니다. 다름이 있다면 오직 한 가지, '내 것'이 있는 정도이다. 보통 명사가 아닌 고유 명사로 사는 셈이다.

'좋아서 하는 일', '문제의식을 지닌 삶', '교육적인 마인드', '지속성', '정서적 금수저' 같은 인식이 부담이 없다면 이미 'Made by me'하고 있는 교사이다. 장사로 치면 3년도 아니고 30년 이상을 운영한 경우일지니 누가 봐도 성공한 삶 아니겠는가.

텃밭 농사에서 배운
살아 있는 교육

한 생명이 태어나 백일, 돌을 지나 유치원, 초등학교를 거치면서 부모의 손길은 점점 줄어들기 마련이다. 물론 부모 입장에서 육체적 부담은 줄어든다 해도 정신적으로 신경 쓰이는 일이 이어지니 손 놓을 수 없는 것은 마찬가지이긴 하다. 그렇지만 아이가 혼자서 할 수 있는 것이 많아지면 여유가 생기기 마련이다.

이에 반해 농사일은 365일 하루도 거르지 않고 이어진다. 씨앗으로 모종을 키우고 그것을 다시 심어 결실을 맺을 때까지 농사꾼의 손길은 쉴 틈이 없다. 그도 그럴 것이, 농작물은 이유를 불문하고 '스스로' 하는 것이 없기 때문이다. 잡초가 사방을 잠식해도 방관할 뿐이다. 햇볕이 내리쬐도, 장마가 이어져도 그저 농사꾼의 손길이 닿기만을 기다릴 뿐이다.

일할 '때'를 알아야 농사꾼이라 할 수 있다. 여름에는 대략 새

벽 5시 30분쯤에 일어나 오후 6시경까지 꼬박 일손을 놓지 않는다. 일기 예보는 텃밭을 가꾸는 데 가장 중요하다. 날씨는 일할 때를 결정하는 가장 큰 요인이다. 내 의지로 할 일을 정하는 것이 아니라 날씨로 인해 해야 할 일이 결정된다는 뜻이다. 다시 말하면 교사가 학생에게 가르칠 것을 결정하는 것이 아니라 학생이 요구하는 바에 따라 교사가 안내하고 조언할 수 있는 것이 결정된다는 의미로 이해할 수 있지 않을까. 농사를 통해 깨달은 최고의 선물인 셈이다.

텃밭 농사를 지은 지 10년이 훌쩍 넘었다. 10여 년 동안의 텃밭 농사가 나에게 준 가장 큰 선물은 교사로서 지녀야 할 자세, 교수·학습에 필요한 여러 가지 장치들과 관련한 '어떤 깨달음'을 갖게 해 주었다는 점이다. 1년을 주기로 반복하는 농사는 학교의 1년 교육과정과 너무 닮아 있다. 씨를 뿌리고 작물을 가꾸고 열매를 거두는 것과 같은 이치이다. 그러는 동안 작물은 더위와 추위와 병을 견뎌야 하고, 학교에서 학생들은 수업과 규칙과 평가의 시간을 놓고 견뎌야 한다.

농사꾼 삶 중에서 가장 괴로운 일은 단연 잡초와의 전쟁이다. '잡초'의 사전적 의미는 '가꾸지 않아도 저절로 나서 자라는 여러 가지 풀'이다. 가꾸지 않았는데 저절로 나서, 가꾸고 있는 식물에 피해를 주는 것이다. '무단 침입'이랄까? 아무런 대가 없이 버젓이 주인 행사를 하기 때문에 징벌 차원에서 '제거해도 되는 대상'이다. 잡초는 인류의 역사만큼이나 길고 질기다. 없앨 수 없다면 즐길 수밖에 없다. 요령 있게 제거하는 방법을 터득하거나, 잡초를 뽑을 최적기를 잡거나, 때론 잡초를 역이용하거나 하는 등의 지혜를 모아야 한다. 그에 반해 교실에는 이유 여하를 막론하고 '제초제'를 뿌려서는 안 된다. 대신 하나하나 뽑아야 한다. 작은 것은 손가락 힘으로, 조금 큰 것은 호미로. 그 밖의 방법은 없다고 해도 과언이 아니다.

하지만 생각을 바꿔, 잡초를 '친구 삼자.'는 마음을 가져 보자. 학교는 잡초가 자리하기 좋은 곳이다. 함부로 경운기로 갈아엎지 않을 뿐만 아니라 제초제를 뿌리는 경우도 없다. 그런 만큼 잡초를 뿌리째 뽑기도 불가능하다. 학교는 온갖 종류의 정보를 공유하기 편하고, 잡초가 자리하는 터전을 자유자재로 옮길 수도 있다. 속인다거나 죽은 척하며 위장하기도 좋은 곳이다.

교사는 학교에 잡초가 있다고 하여 잡초를 제거하는 일에 모든 힘을 빼앗겨서는 안 된다. 적절한 간격을 두고 들여다보며 '첫머리'라면 손의 힘만으로, 잠시 늦었더라도 '호미'를 사용하면 잡초를 쉽게 제거할 수 있다. 특히 비 온 뒤라면 손가락 힘만으로도 솎아 내는 기회를 잡을 수 있다. 그러니 힘 조절을 할 줄 아는 지혜가 필요하다. 교사가 그때그때 책무를 다하지 않으면 그로 인해 치러야 할 대가는 커진다. 어느 것이 '가꾸는 것'인지 구별이 되지 않게 되니 말이다. 이쯤 되면 포기하기 딱 알맞다. 그렇기에 그 책임의 절반은 교사에게 있는 것이다. 초장에 잡았더라면 '포기'까지는 다다르지 않았을 것이다. 결국 학생들에 대한 책임에는 교사의 몫이 자리하고 있음을 기억하자.

잡초! 풀은 결코 힘센 존재는 아니다. 질길 뿐이다. 생명력이 강할 뿐이다. 그 강한 생명력을 적절하게 이용하는 지혜가 필요하다. 학생은 힘이 센 존재가 아니다. 여럿이 모인 탓에 질겨진 것이다. 그렇기 때문에 학생의 생활을 '지도한다'는 인식보다는 관여, 즉 '어떤 일에 관계하여 참여한다.'는 마음을 가져야 한다. 때로는 참견이 될 수 있으며, 학생의 삶에 개입하거나 간섭할 수도 있다. 이때 기억할 점은 장기적 관점에서 접근하도록 설계해야 한다는 점이다. 잔디에 자리한 잡초를 보고도 모른 척 하면 금방 잔디는 사라지고 잡초만 우거질 것이다.

교실을 아름다운 정원으로 꾸민다면 아이들은 그 속에서 스스로 자신을 가꾸는 활동을 하게 될 것이다. 이때 교사가 '쭉정이'와 '알맹이'를 구분할 줄 모른다면 어찌 관리를 할 수 있겠는가. 가꾸는 일은 우리 아이들을 쓸모 있는 존재로 만드는 일이다. 가꾸는 일은 관여하는 것이고 그것이 곧 살아 있는 교육이다.

매일 교사가 되는 중입니다
아이들 마음에 진짜 교사로 남기를 바라는 당신에게

초판 1쇄 발행 · 2020년 3월 2일
초판 3쇄 발행 · 2023년 12월 12일

지은이 · 임광찬
펴낸이 · 김종곤
편집 · 한아름 설민환
조판 · 이주니
펴낸곳 · (주)창비교육
등록 · 2014년 6월 20일 제2014-000183호
주소 · 04004 서울특별시 마포구 월드컵로12길 7
전화 · 1833-7247
팩스 · 영업 070-4838-4938 | 편집 02-6949-0953
홈페이지 · www.changbiedu.com
전자우편 · contents@changbi.com

ⓒ 임광찬 2020
ISBN 979-11-89228-89-7 03370